# 上方落語史観

髙島幸次

140B

# はじめに

上方落語の多くは、幕末・明治期の大阪が舞台です。今から百年も二百年もむかしの大阪です。その後に衣食住などの生活環境は大きく変化し、人びとが共有していた社会意識や習慣の多くも失われ、古典落語は私たちの世界からずいぶん縁遠い物語になってしまいました。

その意味では、映画やテレビの時代劇も同じように縁遠いむかしの物語なのですが、落語とは大きな違いがあります。それは、時代劇は現代人のために制作されているのに対し、古典落語は幕末・明治期の人々を対象に作られたということです。古典落語の作者たちの視野に二十一世紀の私たちは入っていません（当たり前のことですが）。にもかかわらず、私たちは幕末・明治期に生まれた古典落語を今でも楽しむことができます。なぜでしょうか？

その理由の一つとして、落語にはさまざまな知識や感性によって楽しめるように、幾層もの面白さが仕掛けられていることがあります。その一例として、落語〈初天神《はつてんじん》〉を挙げておきましょう。その冒頭シーンで、長屋住まいの妻が夫をなじるのですが、そのセリフは次のようなものです。

**羽織が一枚出来たと思たら、隣へ行くさかい羽織出せ、風呂へ行てくるさかい羽織出せ、この間も羽織着て便所へ行ったやないか！**

この夫は最近、形見分けに羽織をもらったことが嬉しくてたまらない。そこで、どこへ行くのにも羽織を着ていくものですから、このように妻からイヤミを言われているのです。このセリフで客席は爆笑に包まれます。あるお客は「現代のトイレ」を思い浮かべながら大笑いし、別のお客は江戸時代の「屋内の便所」を想像しながら哄笑しているかもしれない。

しかし、この落語が作られた時代のお客たちは、長屋の端っこに位置した「屋外の共同便所」をイメージしていました。当時の長屋の住民は、用を足すにはプチ外出しなければならなかったのです。ここがポイントです。極寒の日ともなれば、わざわざ縕袍《どてら》を着て屋外の便所に向かうのは普通のことでした。ですから、何かをはおって便所に行くことがおかしいのではなく、よりによって「羽織」をはおることがおかしいのです。羽織は長屋の住人にとっては破格の正装だったからです。これがもう一つのポイントなのです（P24で再論します）。

しかし、この二つのポイントを抜きにしても笑えます。落語は各人各様に楽しめばいいのです。お客の一人ひとりがそれぞれの便所のイメージで笑えばいい。あるいは、便所や羽織をさておいて、この夫の恐妻家ぶりを我が身に照らしてほくそ笑んでも構わない。さらには、落語家さんのセリフ回しの滑稽さに噴き出しても大丈夫。それらの笑いのすべてを受け入れるのが、落語なのです。落語の笑いは排他的ではないのです。

## 応病与薬の落語

「応病与薬《おうびょうよやく》」という仏教用語があります（応病施薬《せやく》とも）。患者の症状に応じた治療を施す意味です。仏・菩薩が衆生の素質や能力に応じて法を説くことを、医師の心得に例えた熟語です。

そして、落語は仏教のお説教（法話）の流れを汲んでいます。僧侶がお説教をする場を指した「高座」が、落語家さんの座る場所をいうのもその名残なのです。ですから、仏教の教えの通りに、客席の衆生《しゅじょう》に応じた幾層もの笑いを落語が内包していても不思議ではありません。

しかし（ここからが本題です）、落語に「応病与薬」の力が備わっていることを承知のうえで、本書では幕末・明治期の衣食住や社会意識・習慣などについて云々《うんぬん》しようとしています。右の例で言えば、長屋の共同便所の図面を提示するようなことです。

知らなくても笑えるけれど、知っていたらもっと面白く楽しめる、本書はそのあたりをくすぐろうとしています。上方落語における喜六《きろく》と清八《せいはち》（江戸落語では熊五郎・八五郎）の言動などから、幕末・明治期の大阪の歴史風土を明らかにしたり、日本史研究の立場から喜六・清八の心性を解きほぐしたりしながら、その周辺を気ままに散策しています。

本書は、落語の研究書のような、評論のような、大阪の歴史書のようなふりをして、実はそのどれでもありません。そのあたりの機微を匂わせたくて、「上方落語史観」という言葉を造語し、書名としました。

もちろん本書のような切り口は、落語の正統な楽しみ方ではないという異論も予想できます。落語に幾層もの笑いが仕込まれているのなら、ことさらに古い知識を掘り起こさなくてもいいじゃないか、気随気儘《きずいきまま》に楽しめばいいじゃないか、というような異論です。

たしかに、本書が云々することを知らなければまったく面白くない落語は、現在にまで伝わらない（伝わりにくい）ので、そのようなご指摘はもっともです。現在、高座にかけられる落語のほとんどは、古い知識がなくても楽しめる落語なのですから。

それはその通りなのですが、それでも本書を読み進んでいただければ、「落語が大好き」という方は、より深く落語の魅力に取りつかれ、「落語は古臭くて苦手」という方には、ひと味違った落語へのバイパスを進んでいただけるかと思っています。

なお、以下において文献史料を引用する際には、文意を損ねない程度に読みやすく表記を改めた箇所があることをお断りしておきます。

## 本書の成り立ち

本書は、ウェブマガジン『みんなのミシマガジン』の連載コラム「みんなの落語案内」と、フリーマガジン『月刊島民』に連載のミニ・コラム「笑う落語の大阪」を編集し直し、加筆修正したものです。そのため、章節をまたいで同じ論旨が、たびたび、本当にたびたび繰り返されますが、そこはどうぞお目こぼしください。

### 一、とにかく落語を聞いてみよう

初心者向けに落語の魅力を説いています。落語を「古臭い」「難しい」と思っている方たちの誤解を解くための章です。「では一度、落語を聞いてみよう」とか、「今度、寄席へ行ってみよう」と思っていただけたら嬉しい限りです。

### 二、隔世の感を禁じえない

古典落語を生んだ幕末・明治期大阪の地形や風俗や制度などをふり返りながら、

より深く落語を楽しんでいただける可能性を探っています。大川に浮かぶ中之島が、古典落語の時代から現在に至るまでに大きく成長していたことなどを知ると、古典落語がより身近に、よりリアルに楽しんでいただけるかと思います。

**三、事実は落語より奇なり**

歴史上の人物や出来事について検証しています。まったくのフィクションのように見える落語が、実は当該期の事実を踏まえていたというような発見も多々あります。また、武蔵坊弁慶や石川五右衛門のように、信頼できる一級史料が決定的に不足していながら、落語の世界では多様に姿を変えて活躍しているケースについても考えます。

**四、そのように考えましたか**

古典落語から窺える死生観や嗜好など、幕末・明治の人々の心性に迫ります。飛行への憧れのように現代に受け継がれているものもあれば、寿司のイメージのように一変してしまったものもあります。古典落語によって過去の日本人を考える章といえば大げさでしょうか。

そして最後に、鼎談「とにかく寄席に行ってみよう！」を付録としました。上方落語協会副会長の桂春之輔師匠と、精神科医の名越康文先生と私の鼎談です。オーソドックスな落語入門にもなっていますので、まずはこの付録から読み始めていただくのも一興かと思います。

では、本書を一読いただいたあと、どこかの寄席《よせ》でお目にかかれることを楽しみにしています。

目次

## 四、そのように考えましたか

# あの舞台はここだった！
# 上方落語・名場面と名所MAP

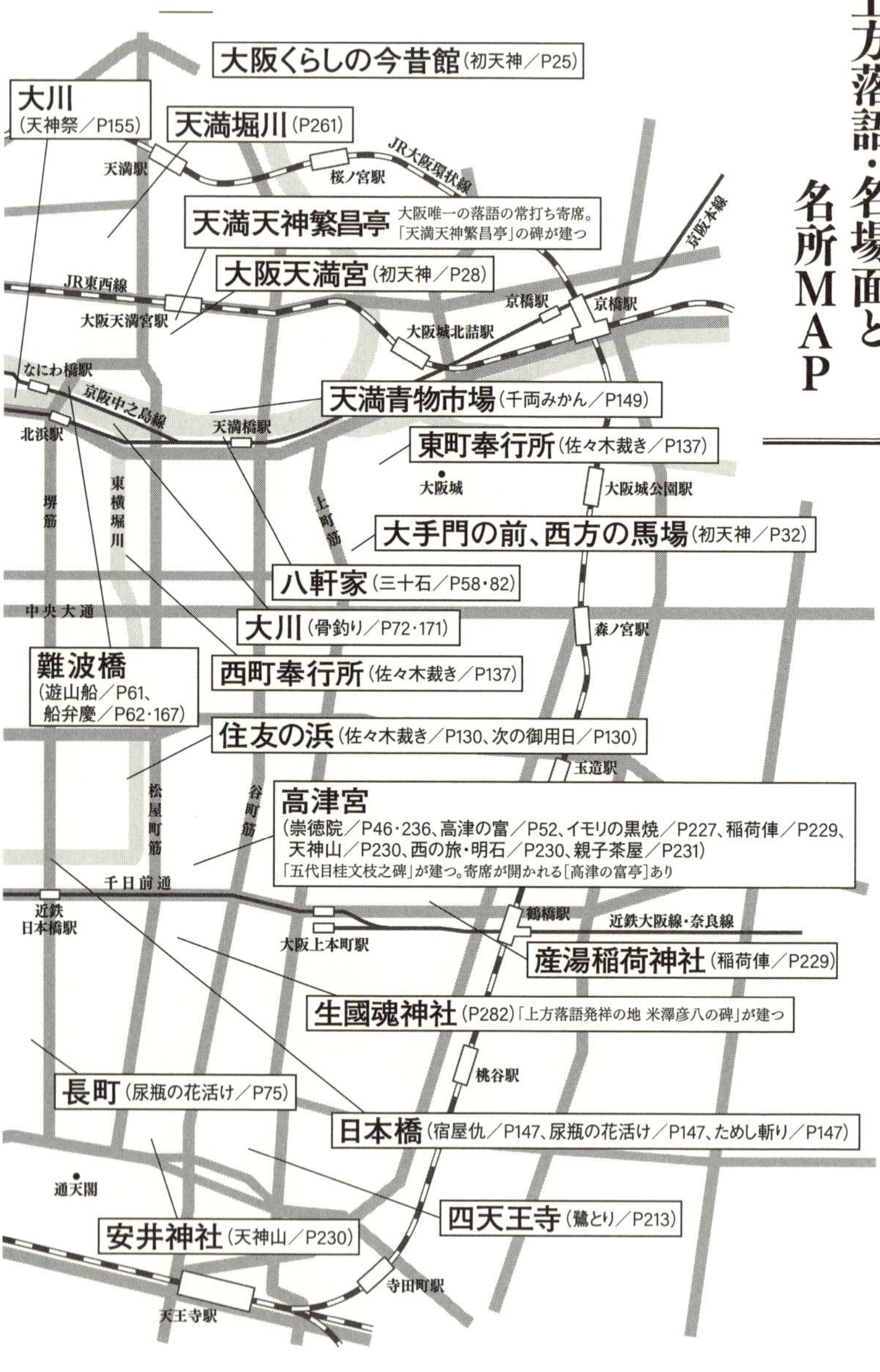

※本書でご紹介した上方落語の噺に登場する場所や、上方落語に因んだ名所を一望できるMAPです。寄席見物と併せて「落語の上方」をお楽しみください。

# 一、とにかく落語を聞いてみよう

# 初めて聴いても面白い

## 古典芸能と大衆芸能

「落語は古典芸能やおまへんで」という落語家さんがいます。

一般に「古典芸能」といえば、能・狂言や文楽（人形浄瑠璃《じょうるり》）や歌舞伎などが思い浮びます。その定義としては、前近代から伝承されている芸能、つまり明治維新以後に流入した西洋文明の影響を受けていない芸能ということになるでしょうか。

しかし、それなら江戸時代に成立した落語や講談も間違いなく古典芸能のはずですが、当事者たちはそうは考えていないようです。前近代に成立した芸能であっても、大衆の娯楽に供された大衆芸能は、古典芸能ではないということなのでしょう。しかしそれなら、能の謡《うたい》や義太夫節《ぎだゆうぶし》も江戸時代には大衆芸能だったのですから、もぉひとつピンときません。

ところが、六代目笑福亭松喬《しょきょう》師匠（一九五一～二〇一三）が落語のマクラで披露されていた定義は、ストンと腑に落ちるものでした。師曰く「一度聞いただけではわからないが何度も足を運んでいるうちに面白くなるのが古典芸能、初めて聞いても面白いのが大衆芸能」。さすがですね。

なるほど、謡曲《ようきょく》や義太夫を趣味にしていた大坂町人たちには、能も文楽も歌舞伎も大衆芸能でした。何十段もの長い文楽の演目もおおよそは知っていた。ですから「通し」で観なくても、一幕見だけでも十分に楽しめたのです。しかし、現代では、そのようなお客は少なくなりました。

それなのに現代の文楽や歌舞伎では、特定の一段だけをピックアップして上演されています。もちろん、物語の一部始終を知らなくては理解できないというわけではないのですが、それにしても初心者にはハードルが高い。

そこで国立文楽劇場では、初心者用のイヤホンガイドが用意されているのですが、それは苦肉の策でしかありません。なぜなら、耳で義太夫を聴きながら、目は舞台の人形に惹きつけられながら、舞台上方の字幕に詞章を追いながら、太夫《たゆう》や三味線にも目配りしながら、隣客のイビキに顰蹙《ひんしゅく》しながら、ポケットの酢昆布をつまみながら、イヤホンガイドの解説に納得できると思いますか。十人の請願を同時に聞き分けたという厩戸皇子《うまやどのおうじ》（聖徳太子）じゃないのですから。

やはり、一度や二度見ただけでは難しいのが古典芸能なのです（どこかの元市長も「文楽は面白くない」と言ってはりましたね）。その点、落語はまったく予備知識のない初心者であっても間違いなく面白いのです（こうはいっても、能・狂言や文楽、歌舞伎にも足を運んでくださいよ。だんだん面白くなってくるのが古典芸能なのですから）。

## 落語は「伝統芸能」じゃない？

それにしても、松喬師匠の古典芸能と大衆芸能の定義は秀逸でした。その一方で、ある落語家さんが「落語は伝統芸能ではない」と話されたのには違和感がありました。江戸時代から継承されている落語なのに「伝統」ではないという。聞いてみると、落語のように師匠から弟子に口承される芸は変化し続けているから、「伝統」ではなくなっているということでした。

たしかに、落語は時々刻々と変化し続けています。例えば、落語〈平林《たいらばやし》〉の元ネタは安楽庵《あんらくあん》策伝《さくでん》（一五五四〜一六四二）の『醒睡笑《せいすいしょう》』に収められています。読み上げれば三十秒にも満たない短文ですが、長年の間に尾ひれをつけ、くすぐりを加え、膨らませて、現在では十数分の噺《はなし》になっています。近松門左衛門以来の床本をほぼそのままに語り伝えている文楽に比べたら、落語は「伝統芸能」とは言い難いのかもしれません。

しかし、伝統には二種類あります。一つは「本来伝統」、もう一つは「擬似伝統」です。伝統と言われるものは、芸能であろうが、慣習であろうが、技術であろうが、それを伝える社会が大きく変化し続けているのですから、微塵も変化せずに受け継がれることはありません。その意味では、古くから変わらずに継承されている（と信じられている）「本来伝統」は理念でしかなく、現実には存在しないのです。

一方、時代の移り変わりに対応して変化してきたからこそ、今に継承されている伝統があります。変化に際し、うまく過去を採り込んだ（古く見せた）ものを「擬似伝統」と言います。実は私たちが「伝統」というのは、すべて、この「擬似伝統」なのです。例えば、我が国の伝統だと思われている神前結婚式は、明治三十三年（一九〇〇）に当時の皇太子（のちの大正天皇）の御結婚の礼が皇居内の賢所で行われたことに始まります。その翌年に、日比谷大神宮が一般向けの神前結婚式を行うようになって広まりました。しかし、古くからの神事を上書きする形式で行われているために、古くからの伝統に基づく結婚様式だと思い込んでいるのです。

天皇の葬儀も、江戸時代までは京都の泉涌寺《せんにゅうじ》で行われていました。もちろん仏式です。しかし、現在の大喪儀では幣帛《へいはく》（お供え物）を奉じる神道儀礼も組み込まれています。すると、古くから伝統的に神道式で行われてきたと思えてきます。これらは典型的な擬似伝統の創出なのです。皇室の結婚や大喪を報道する際には、決まったように「古式ゆかしく」と形容されますが、この「ゆかしく」は古い儀式「そのままに」という意味ではなく、「（古式のままではないけれど）なんとなく懐かしく感じられる」という意味なのです。まさに、擬似伝統のための形容詞なのです。

皇室の擬似伝統に落語をなぞらえるのは畏れ多いことですが、今に伝えられている伝統はすべて擬似伝統であり、その意味では古典落語も間違いなく伝統芸能なのです。

## 文楽と落語の違い

では、字幕やイヤホンガイドが用意される文楽と、落語の違いはどうして生じたのでしょうか。一つには言葉の継承のしかたの違いが影響しているように思えます。義太夫節の「床本《ゆかほん》」（浄瑠璃本）は、江戸時代の大阪弁で書かれ、大阪弁の節づけで語られます。それは日本全国どこで公演する場合でも変わりません。ですから、江戸時代には、義太夫節は方言の壁を超えた文化であり、必須の教養でもあったのです。司馬遼太郎は『菜の花の沖』（二巻）で次のように書いています。

**上方の商人は遠国の商人と話すとき、できるだけ浄瑠璃の敬語に近づけて物を言う。これに対し、武士は他藩の士と話すとき、狂言の言葉に近づける。**

なるほど、義太夫節の言葉は、他国へ商用に出かける商人たちに欠かせないコミュニケーション・ツールだったのです。また、諸藩から江戸へ参勤している武士たちは、狂言風の言い回しで他藩の武士と意思疎通を図ったのです。例えば、商人が「てまえの名は善右衛門《ぜんえもん》と申します」というのは、浄瑠璃『傾城阿波鳴門《けいせいあわのなると》』の「かかさんの名はお弓と申します」に通じ、武士が「それがしは前田家中の者でござる」というのは、狂言の定番の名乗り「これはこの辺りに住まいいたす者でござる」を思わせるという具合です。ところが、時代とともに言葉の表現や意味が変化しても、義太夫節の床本や狂言のセリフは書き変えられませんから、現代人には字幕がなければわかりにくくなってしまったのです。

一方の落語は、基本的には台本のない口承芸能です。むかしは「三遍稽古《さんべんげいこ》」といって、師匠が弟子の前で三日間にわたって同じ噺を聞かせ、弟子は師匠の前ではメモも取らずに覚えねばならなかったと聞きました。口伝えの芸なのです。

最近は、名人上手の速記本やＣＤで稽古することもあるようですが、それでも落語の継承は基本的に口伝《くでん》ですから、時代の変化に合わせて、師匠の口調も変化し続けていきます。変化と言えば、上方落語が江戸に伝えられると江戸弁にアレンジされ、ときには落語の舞台までも、京・大坂から江戸に移されています。

一方、文楽の伝承は口伝とはいいながら床本がテキストですから、落語とは異なります。文楽を江戸で興行するからといって、『曽根崎心中《そねざきしんじゅう》』が『六本木心中』に変わることはないのです。

三谷幸喜の新作『其礼成心中《それなり》』は、『曽根崎心中』の裏版と謳われていますが、三谷は公演パンフレット（二〇一四年）で次のように告白しています。

**文楽は関西弁で語られますけど、僕は関西弁がしゃべれないので、なんとなくのイメージで書いて、細かいところは直してもらいました。（中略）あの時代の言葉の雰囲気を残すこと、関西弁であること、そして現代性。この三つのバランスをいい塩梅にするのは、すごく難しかったです。**

文楽は新作であっても、現代性をもたせても、基本は関西弁なのです（正確には「大阪弁」ですが）。海外公演の場合でも、文楽は世界中どこの国においても「床本」のままに語られますが（もちろん字幕付きで）、落語の場合は現地の言葉に翻訳されることも少なくありません。落語は時空を超えて、初めて聞いても面白くありたい願望の強い芸のようです。

## 〈初天神〉の共同便所

とはいいながら、古典落語には今は失われてしまった古語や風俗が頻出するため、理解しにくいことも多々あります。「はじめに」で例示した〈初天神〉の共同便所について、もう少し丁寧に説明しておきましょう。

形見分けの羽織をもらった夫を、妻が揶揄する場面のセリフは「羽織が一枚出来たと思たら、隣へ行くさかい羽織出せ、風呂行てくるさかい羽織出せ、この間も羽織着て便所へ行ったやないか」というものでしたね。

このセリフを聞いて、お客は自宅のマンションのトイレを思い浮かべたり、あるいは、江戸時代の母屋から庭に突きだして設けられた便所を想像したりしながら、「アホなやっちゃ」と笑うのです。

しかし、この落語が作られた時代の長屋の便所は、長屋の端っこに位置する屋外の共同便所でした。その便所は「大阪くらしの今昔館」（大阪市北区）の四軒長屋に再現され、その端っこに外付けの便所があります。あまりにリアルに再現されているものですから、私などは懐かしさのあまりここで用を足そうかと思ったくらいです（思っただけです）。

ここでのポイントは、長屋の住人が用を足すには「プチ外出」しなければならなかったことです。極寒の日ともなれば、喜六や清八は用を足すために褞袍《どてら》か何かをはおって外へ出たのです（室内の尿瓶《しびん》で用を足すこともありましたが、そのことについてはP74で考えます）。

だからこそ、夫は羽織を着て（隣近所に見せびらかしながら）便所に行きたかった。その気持ちを汲んだうえで「それでも羽織はおかしいだろう」と笑うのが、当時のお客だったのです。

なぜなら、羽織は長屋の住人には不似合いな正装だからです。便所に着ていくからおかしいの

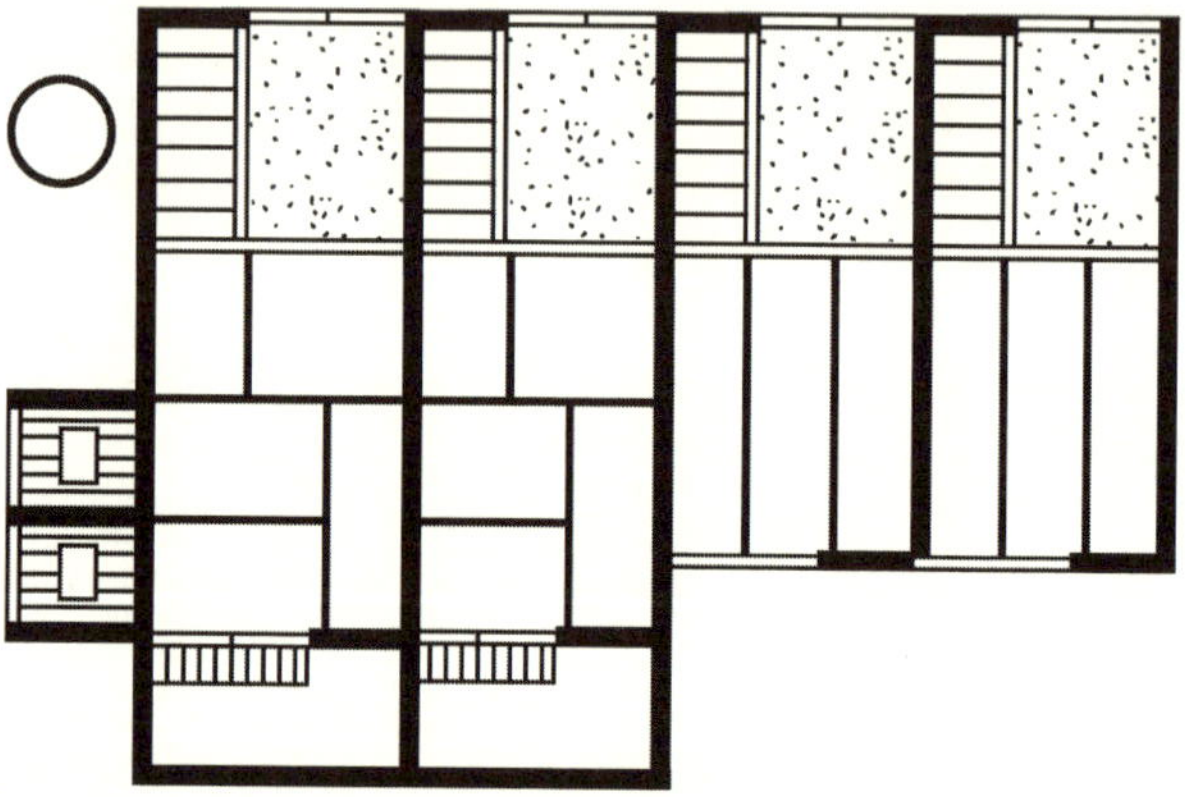


大阪くらしの今昔館の展示を参考に、長屋の図面を再現。
この四軒長屋の住民は、屋外の井戸と便所を共同利用していた。

ではなく、隣家や風呂屋であっても、やはり羽織はおかしいのです。商家においては番頭クラス以上が着るもので、落語家さんだって前座クラス（上方落語に「前座」はないのですが）はまだ羽織は着ないのです。

そういえば、ある落語家さんは、屋外の便所であることを強調したかったからでしょうか、「この間も羽織着て外の公衆便所へ行ったやないか」とアレンジされていました。長屋の共同便所と、現代の公園の片隅にあるような公衆便所とでは、そこへ行くことの意味が変わってしまいます。

しかし、どこかの公衆便所を思い浮かべて笑ってもいいのが落語なのです。便所や羽織の知識がなくても、各人各様に笑えばいい。理解できない箇所があっても、自分流の解釈で笑えばいい。それでも十分に楽しめるネタが選ばれて今に伝えられているのですから。

まずは、一度でいいから寄席へお出かけください。一度で十分、だって初めて聞いても面白いのが落語なのですから。一度は二度に、二度は三度になりますって。

## 幾層にも仕込まれた笑い

### 〈初天神〉のイカとタコ

古典落語の多くは幕末・明治期に成立したために、現代では理解しにくい（理解できない）プロットやディテールが頻繁に出てきます。そのため、落語家さんたちは、次のようなさまざまな工夫を加えて口演します。

**①別の表現に言い換える。**
**②現代にも通じるように説明を加える。**
**③プロットは変えずに、理解しにくいディテールだけを省く。**
**④そのネタ自体を高座にかけない。**

たとえば〈初天神〉では、天神さんの縁日で寅ちゃんが「お父ったん、イカ買ぉて」とねだるシーンがあります。現在では、これが「凧《たこ》」だとわかるお客はほとんどいないでしょう。そこで、最初から「イカ」とは言わずに「お父ったん、タコ買ぉて」と言い換えることもあれば①、「このイカは今で言うタコ、昔は凧揚げを『イカノボシ』て言うてましたんやな」というように説明することもあります②。そのおかげで、このセリフが省かれることもなければ③、この落語を聞けなくなることもないのです④。

イカとタコの関係については、滝沢馬琴《ばきん》（一七六七〜一八四八）が『俳諧歳時記栞草《はいかいさいじきしおりぐさ》』に「紙鳶（いかのぼり・たこ）」を立項し、次のように説明しています。

**其形の烏賊《イカ》に似たるよりの名なるべし、江戸の俗、章魚《タコ》と云うは烏賊に対しての名なり。**

もともとは、その形から「烏賊」と呼ばれていたものを、江戸では「烏賊」に対抗して「章魚」と呼ぶようになったというのです。

では、いつころからタコに変わったのでしょうか。江戸幕府の公式記録『徳川実紀《じっき》』の正保《しょうほう》三年（一六四六）三月二十六日条には「紙鳶」を禁止したことが記されています。

**昨夜、切手門《きりてもん》内に何方よりか紙鳶《いか》に火を添え投げ落としてありければ、今より後、紙鳶を禁制すべき旨を令せらる。**

江戸城の大奥に通じる切手御門の内側に、火を付けた紙鳶が落ちたため、以後の使用を禁じたというのです。凧は、もともとは軍事目的で生み出されたツールですが、江戸時代になっても危険な使われ方をしていたのですね。その後、承応《じょうおう》三年（一六五四）二月四日条にも「紙鳶を弄ぶ事を禁ぜらる」と記録されています。

このような幕府のイカ禁止令への対応として、江戸の人々はイカをタコに改称して揚げ続けたとする見解があります。しかし、イカ禁止令の後も、服部嵐雪《らんせつ》（一六五四～一七〇七）や宝井其角《たからいきかく》（一六六一～一七〇七）は「いかのぼり」の句を詠み、少し遅れて与謝蕪村《よさぶそん》（一七一六～一七八三）も「いかのぼり」を詠んでいます。蕪村は大坂生まれなので当然ですが、江戸俳諧のツートップだった嵐雪・其角もまだタコとは詠んでいないのです。

木の枝に しばしかかるや いかのぼり　　嵐雪
白河の 関に見返れ いかのぼり　　其角
凧（いかのぼり） きのふの空の 在りどころ　　蕪村

しかし、安永《あんえい》二年（一七七三）刊の噺本『聞上手』には「几巾《たこ》」という次の小噺が載っています。

**息子がたこを揚げるに揚がらず、親父出て「どれゝおれがあげ付けてやろう、向こうの河岸へ持ってこい」とて小僧を連れ行き、ひと駆け走るとよく上がる。親父、面白がり引いたりしゃくったり余念なし。「これ、父っさん、もう俺にくんねいゝ」とせっつけば、「えゝ喧しい。我を連れて来ねば良かった物」。**

落語好きな方ならお気づきでしょう。この「几巾」は〈初天神〉の最後の場面に取り込まれています。もっとも、オチは親父のセリフではなく、寅ちゃんが「あぁー、こんなんやったら、お父ったんを連れて来なんだらよかった」というように変わっていますが。

それはともかく、イカ・タコの詮索に戻ると、『聞上手』の作者は江戸の戯作者の小松屋百亀《ひゃっき》（一七二〇〜一七九四）ですから、江戸ではタコも通用するようになっていたようですが、大阪では幕末から明治・大正期に、勝間村（現大阪市西成区）の「勝間凧《こつまいか》」が流行したように、名称はイカのままでした。

そして明治期の東京で発行された唱歌集をみても、明治二十六年（一八九三）の『絵入幼年唱歌』（博文館）は「紙鳶《いか》のぼし」、明治四十年の『お伽唱歌』（博文館）と明治四十三年（一九〇一）の『日本学生 新唱歌』（由盛閣書店）も「いかのぼり」の歌を収録しています。

ところが、同じ明治四十三年に発行された初の唱歌教科書『尋常小学読本唱歌』に「タコノウタ」が収録されました。その後も大正三年（一九一四）発行の『大正新選学校唱歌集』（春江堂書店）に「いかのぼり」が載っている例はありますが、やはり文部省唱歌に「タコノウタ」が採用されたことの影響は大きく、その後、次第に「タコ」の名が全国を席巻していったようです。

しかし、大阪でも「イカ」が通じにくくなったからといって、上方落語までが江戸方言の「タコ」に言い換えるのはイカがなものでしょうか。現在、勝間凧を再現している方もいらっしゃるくらいですから（「わが町にも歴史あり・知られざる大阪　勝間イカ」毎日新聞二〇一七年一月十九日）、上方落語も負けずに、説明を加えてでも「イカ」のままに口演してほしいものです。

イカへのこだわりついでに、〈初天神〉の寅ちゃんがイカノボシをした場所についても詮索しておきましょう。寅ちゃんにイカノボシを買い与えたお父ったんは、「こんなとこで揚げられへんがな、馬場のほうへ行こォ、馬場のほうへ」と言います。この馬場は、大阪城の西方から南方をいいますが、大阪天満宮から十五分ほど歩いた、大手門の前あたり、西方の馬場と考えましょう。そこはイカノボシに格好の場所でした。「錦城の馬場」と題する絵にも、イカノボシが描かれています（錦城は大阪城の別名）。そこにはちゃんとお父ったんと寅ちゃんらし

『浪花百景』のうち「錦城の馬場」（大阪市立中央図書館蔵）。江戸末期の上方の浮世絵師であった歌川国員《くにかず》・芳瀧《よしたき》・芳雪《よしゆき》が、大坂名所100ヶ所を描いた版画集。この絵は国員の作。

き親子もいました。

ところが、この馬場は大阪天満宮の表門筋のことだと説明されることがあります。毎年十月二十五日には同宮の「流鏑馬《やぶさめ》式」が行われ、表門筋を馬が走ることから生じた誤解のようです。江戸時代から表門筋の両側には人家が建て込み、そこで行われる流鏑馬が矢を射ることは危ないために、騎者は半弓で的を叩き割るように変更されていました。そのような場所ですから、イカノボリのできる場所ではなかったのです。

## 〈野崎詣り〉の深草と浅草

現代では理解しにくい（理解できない）落語には、①～④の対応がなされると書きましたが（P28）、実はこれ以外の対応として、理解しにくい（理解できない）ままに口演することもあります（対応ではなく、無対応です）。その一例として、三代目桂春團治師匠（一九三〇～二〇一六）の〈野崎詣り〉から、喜六と清八のおかしな会話を引いておきます。

**喜六「江戸はドサクサ」**
**清八「違う、違う、ドサクサやない」**
**喜六「江戸は深草」**
**清八「違う、江戸は浅草や」**
**喜六「深草やったら、ショウショウの違いや」**

この「ショウショウ」は、いうまでもなく「少々」と、深草少将《ふかくさのしょうしょう》の「少将」をかけています。江戸時代のお客なら誰もが、深草少将が絶世の美女・小野小町のもとに通ったという「百夜通い《ももよがよ》」

の伝説に親しんでいました。現在ではこの伝説をご存じないお客も多くなりました。もしかしたら、小野小町さえ聞いたことがないという若い方もいらっしゃるかもしれない（「百夜通い」をご存じない方は、P237で説明していますので）。それでも三代目は、①別の表現に言い換えるでもなく、②説明を加えるでもなく、淡々と演じて爆笑をとっていました。多くのお客は「DOSAKUSA」「FUKAKUSA」「ASAKUSA」の音の重なりに興じていたようですが、なかには「深草少将」を思い浮かべたお客もいたでしょう。そして、稀にはシンメトリカルな「浅草」と「深草」の地名に気づいてほくそ笑んだお客もいたに違いない。

「浅草」と「深草」の対比については、司馬遼太郎の推測もあります。源頼朝が鶴岡《つるがおか》八幡宮を造営する際に、浅草から宮大工を召喚したことについて、司馬は次のような場面を想定するのです（『街道をゆく42 三浦半島記』朝日文芸文庫・一九九八年）。

> このあたり、まだ関東の文化は、心もとなかった。頼朝が構想するような巨大構造物を建てる棟梁がいなかった。ところが、
> 「武州（武蔵）の浅草にいます」
> と、いった者がいる。
> 武蔵は、一様に草深かった。

**そういう状態を、普通名詞では深草という。その対語が、浅草かと思える。町屋があつまり、小規模ながら町であるというさまから、浅草が地名になったのではないか。浅草は、浅草寺の門前町なのである。**

このような対称地名に気づくお客がいる限り、深草少将を知っているお客がいる限り、先に指摘した音の重なりに敏感なお客がいる限り、「理解しにくいまま（理解できないまま）」の口演があっていい。優れた落語にはこのような幾層もの笑いが仕込まれているのですから。

## 〈阿弥陀池〉の「シンネコ」

幾層もの笑いといえば、〈阿弥陀池《あみだいけ》〉の「シンネコ」にも触れておかねば。

ある男が、殺人事件について話そうとして、犯人が匕首《あいくち》（短刀）で被害者の心臓を突いたと言うべきところを、間違って「オッサンのシンネコをブスッと突いた」と言ってしまいます。

ここで客席は爆笑に包まれます。お客さんにとって「心臓を突かれた」ことは自明のこと。それなのに「この男は、心臓の臓から象を連想し、そこから動物つながりで猫を連想したんか」

と一瞬のうちに思い至って笑うのです。

しかし、象から猫への連想はかなり無理があると思いませんか。象からキリンや虎ならまだしも、猫はないだろうと。しかし、幕末・明治期の落語家さんたちは、無理矢理感が丸出しであっても「シンネコ」と言いたかった。なぜなら、当時のお客たちは「シンネコ」と聞けば、真っ先に隠語の「真猫」を思い浮かべて吹き出したに違いないからです。「真猫」とは、「シンミリネッコリ」を語源とする隠語です。牧村史陽《しよう》『大阪ことば事典』（講談社学術文庫・一九八四年）には「真猫」が立項され、次のように解説されています。

**男女が人目を避けてひそかに語り合うこと。多く待合の四畳半の座敷が選ばれたところから、待合遊びのことをシンネコアソビという。**

隠語とはいえ、江戸時代の人情本や洒落本に頻出する言葉ですから、広く一般に流布《るふ》していたのです。幕末の大坂町人たちは、まず耳から入った「シンネコ」の音から「男女の睦《むつ》み合い」を思い浮かべて含み笑いし、そのあと「心臓→心象→心猫」の落語的連想に笑いを重ねたのです。

しかし、「真猫」を知らなくても構いません。「心猫」だけでも十分に笑えるのですから。優れた落語は曲者です。あとは落語家さんの腕です。そして、どこでどのように笑うかはお客の自由です。落語とはそういうものです。わからない箇所があれば聞き流せばいいのです。

# 落語は究極の3D映像だ

## モノクロ・パートカラー・総天然色

五、六年前のことでしたか、テレビを観ていた妻が「これって、CGよね？」と話しかけてきました。画面には、三つの超高層ビルの屋上に跨る巨大な船が映っていたのです。あのシンガポールのホテル（マリーナベイサンズ）が、今ほどには有名ではなかった頃の話です。私にも未知の建物でしたが、「これがCGなら、船が浮かび上がるシーンも撮るはずだよ」と、思いつきの理由で否定したのを覚えています。

一九八〇年代のCG黎明期は、いかに実写らしく見せるかに苦慮していました。しかし九〇年代にもなると、CGは実写と見分けにくいレベルにまで高まり、そして現在では、CGが現実を追い越した感さえあります。妻が実写をCGだと思ったのもむべなるかなです。さらに近年は3D映像なるものが登場し、専用の眼鏡をかけて立体視できるようになりました。

さて、そのような時代にもかかわらず、落語は言葉だけの芸でお客を満足させています。落語家さんは観客の想像力だけを頼りに語り、お客はその言葉だけを手掛かりに、脳内に噺の世界を虚構するのです。結果、登場人物の性別・年齢や職業だけではなく、顔付きや教養の度合い、性格までも思い浮かべます。もちろん、色彩も、奥行きも、匂いさえもがリアルに知覚されるのです。３Ｄ映像なんて足元にも及びません。

　映画の場合も、従来の映画で私たちは十分に奥行きや立体感を知覚していました。時代をさかのぼってモノクロ映画の時代さえも、ある程度の色彩は脳内で再現できていたのです。黒澤明監督の映画『赤ひげ』（一九六五年）では、赤ひげ先生こと新出《にいで》去定《きよじょう》（三船敏郎）のヒゲは確かに赤く感じたし、スクリーンにはグレーの濃淡が映っているだけなのに、色褪せた着物の風合いまでをも感じとることができたのです。

　もちろん、モノクロ映画の時代には、当方の知識不足によっては、想像力の及ばない色彩もありました。だから「総天然色映画」の登場が嬉しかったことを否定はしません。正確には、モノクロから一気に総天然色に移行したのではなく、「パートカラー映画」という過渡期がありましたが。

「パートカラーって何？」という若い世代のために説明しておくと、モノクロで始まったはずが、ベッドシーンになると突然に総天然色になり、男性が果てると再びモノクロに戻るという不思議な映画のことだそうです、よう知らんけど。それがポルノ映画だけの手法だったか否かについても、よう知らんけど。

## 「上下」をふる

あらぬ横道に逸れてしまいました。要するに、私たちはモノクロ映画でも不自由がないほどに色彩を感じ、平面のスクリーンでも十分に奥行きを知覚してきたことを言いたかったのです。3D映像はそのような脳内再現能力を否定し、減退させるように思えて私は好きにはなれません。

その意味では、落語はスクリーンもなく、ただ言葉だけで人物や風景を表現できる芸なのですから、これはすごいことです。「言葉だけで」というと反論があるかもしれません。落語家さんは、上下《カミシモ》をふって（顔を左右にふり分けて）登場人物を区別しているじゃないか、扇子を箸やキセルに見立て、科《しな》を作り女性を演じるじゃないか、という反論が予想されます。

たしかにその通りで、落語家さんの所作が言葉を補って余りある効果を持っていることは否定しません。しかし、その所作がなければ成り立たないかというとそれは違います。だって、落語はCDやラジオでも楽しめるのですから。ラジオでは上下が見えないからわかりにくい、といった不満は聞いたことがありません（あるとしたら、聞き手の知覚力の欠如か、落語家さんの力不足のせいか、どちらかですね）。箸に見立てた扇子が見えなくても、うどんをすする擬音だけで、ダシの熱さを感じ、湯気までもが見えてくる、落語の芸とはそういうものです。

上下をふることについては、笑福亭福笑《ふくしょう》師匠から面白いことを教えていただきました。上方落語界で異彩を放つ師匠は、高座でも上下をふらず、ほとんど正面向きで語ります。その理由を尋ねたら、目からウロコの答えが返ってきました。

師曰く。仮にAの右前にBが座っていると設定したとき、当然ながらAは右斜め前に向かって話す。そして、Bから見てもAは右前にいることになるから、Bも右斜め前に向かって話す。だから上下をふり分けることは、なんら忠実な形態模写にはなっていないというのです。

なるほど、そのように考えればAとBが真向かいで話し合う場面なら、福笑師匠のように正面向きで話すのは、これこそリアルな顔の向きだということになります。上下をふることは落語にとって不可欠の要素ではなかったのです。「役割語」や、声質・アクセント・リズムなどで、登場人物を演じ分けることはできるのです（「役割語」については次節で紹介します）。

しかし、それなら落語を聴くにはCDやラジオで充分だと思われると困ります。やはり落語はライブに限るのです。人間の感情は、場の力に左右されるからです。寄席が笑いに包まれるのは、落語の面白さだけではなく、周りのお客の笑い声に乗せられていることが大きく、同じ空気の中で笑う人がいることで自身の面白さも増幅させてくれるのです。

と同時に、落語家さんも寄席の空気に乗せられて、実力以上の思わぬ力を発揮します。それが証拠には、同じ落語家さんが同じネタを演じても、その日の客席の風向きによって、笑いの総量は格段に異なります。「落語家殺すにゃ刃物はいらぬ、アクビ一つで即死する」のは本当なのです。ぜひ、寄席に行きましょう。ときには、客席の冷たい反応に即死寸前の落語家さんを見ることになるかもしれません。しかし、うまくいけば、場内に渦巻く大爆笑のなかに自身も浸る喜びを経験することになります。そのライブ感は、専用眼鏡に頼らねばならない３Ｄ映画なんて比じゃないのです。

# 落語の中の「役割語」

## 役割語の謎

生後間もない赤ちゃんが泣いていると、母親は「あーぁ可哀そうに、お腹が空いたのね」とか、「オムツを替えてほしいのね」とか、「ちょっと寒いのかな」とか言いながら対処を変えています。父親には「オギャー、オギャー」の雑音にしか聞こえないのに、なぜ聞き分けられるのか。赤ちゃんが微妙に泣き分けているのか、それとも母親の超能力なのか、いずれにしても父性は母性に敵わない。これは子育て時代の私の実感です。

それはさておき、CDやラジオで音声だけの落語を聴いても、複数の登場人物をなぜ聞き分けられるのでしょうか。落語家さんが上下《カミシモ》をふって（顔を左右にふり分けて）、登場人物を区別しているからと考えるのは間違いだと先に説きました。視覚に頼らなくても落語は楽しめるのです。

では、どうして登場人物を聞き分けることができるのでしょうか？　声色の使い分けや、間の取り方や、いろいろ考えられますが、実は「役割語」の効果が最も大きいのです。
役割語とは、日本語学者の金水敏《きんすいさとし》先生が提唱されたもので、「特定のキャラクターと結びついた、特徴ある言葉づかい」をいいます。私が受け売りの解説をするよりも、金水先生の『ヴァーチャル日本語 役割語の謎』（岩波書店・二〇〇三年）の巻頭に挙げられているテストを次に引用させていただきましょう。

問題　次のa～hとア～クを結びつけなさい。

a そうよ、あたしが知ってるわ（　）
b そうじゃ、わしが知っておる（　）
c そや、わてが知っとるでえ（　）
d そうじゃ、拙者が存じておる（　）
e そうですわよ、わたくしが存じておりますわ（　）
f そうあるよ、わたしが知ってるあるよ（　）
g そうだよ、ぼくが知ってるのさ（　）
h んだ、おら知ってるだ（　）

ア お武家様
イ （ニセ）中国人
ウ 老博士
エ 女の子
オ 田舎者
カ 男の子
キ お嬢様
ク 関西人

これは知識や思考力を試すテストではなく、全員が正解するという前提で、役割語をみごとに説明しています。ただ、純粋大阪人の私としては、c項の答えがクの関西人だといわれると「そや、わてが知っとるでえ」なんて言葉づかいをしたことがないのに、という不満があります。

しかし、さすが金水先生はそれもお見通しです。特定のキャラクターを思い浮かべる表現なのに、実はそんな「特徴ある言葉づかい」をする人のいないのが役割語の特徴なのだそうです。現実に聞いたことがないのに、特定のキャラクターを思い浮かべると言うのですから不思議な話です。

たしかに役割語を聞けば、その話し手の性別や年齢を推測することなどは朝飯前で、ときには職業や教養の程度までも推測でき、さらにはその話し手のたたずまいや立ち居振る舞いまでもが浮かぶことがあります。「あちきは籠《かご》のなかの鳥でありんすから」と聞けば、即座に花魁《おいらん》姿の中谷美紀が思い浮かぶようなものです（ここは、わかる人だけわかってください）。

金水先生は、役割語の重要な指標として、一人称代名詞を挙げられます。先の問題の上段a～hの選択肢から、一人称だけを抜き出して「あたし」「わし」「わて」「拙者」「わたくし」「わたし」「ぼく」「おら」だけの選択肢に作り変えても、おそらく正答率は下がらないでしょう。

日本語の一人称の雄弁さと豊富さとには驚かされます。a～h以外にも、「おいら」「おれ」「あっし」「あたくし」「それがし」「てまえ」「わらわ」など挙げだせばキリがありません。

## 〈崇徳院〉の親旦那・若旦那・熊五郎

落語の登場人物が、それぞれに相応しい役割語で会話してくれるので、私たちは話し手を聞き分けられるというわけです。一例として、〈崇徳院《すとくいん》〉の一人称を見てみましょう。まずは、そのあらすじを。

**若旦那が、高津宮《こうづぐう》（大阪市中央区）で見かけた娘に一目ぼれする。恋煩いで寝込んでしまった若旦那を心配する親旦那が、出入りの熊五郎に相手の娘を探させる。探す手がかりは崇徳院（崇徳天皇）の「瀬をはやみ 岩にせかるる 滝川の」の歌しかない、そこで熊五郎は「瀬をはやみ」と叫びながら町中を探し回る。**

ここに登場する三人の一人称を見ると、親旦那は「わしが尋ねても言わん」というように「わし」、若旦那は「わたいがこんなこというたら笑うやろ」と「わたい」、熊五郎は「わてこれからお寺へ行て来まっさかい」と「わて」、というように一人称だけでも聞き分けられるようになっているのです。

落語の場合、基本的に会話で話が進みますから、このような役割語がなければ成り立たない芸だといえます。となれば、落語家さんにとって『ヴァーチャル日本語 役割語の謎』は必読書です。上方落語協会で一括購入して、全員に配布してもいいくらいです。

こんなに豊かな役割語を持つ言語は世界中探しても日本だけでしょう。特にその一人称の豊富さに感心していたら、金水先生から『吾輩は猫である』の英訳が面白いと教えていただきました。さっそく書店で探すと講談社英語文庫にあり、その書名はなんと『I am a CAT』でした。なるほど英語の語彙では、「吾輩」も「私」「僕」「俺」も「わちき」も、みんな「I」なのですね。それにしても「I am a CAT」では手に取る気もおこらない。泉下《せんか》の漱石先生も「苦沙弥《くしゃみ》」しているこことでしょう（ここも、わかる人だけ笑ってください）。

そういえば、養老孟司先生は「英語の〝I〟はいらない」と力説されています（『文系の壁』PHP新書・二〇一五年）。先生曰く「一人称のbe動詞は必ず〝am〟でしょう。だったら、〝I〟がなくても主語が「私」であることはわかる」というわけです。にもかかわらず、「I」しかない英語落語に取り組んでいる落語家さんたちには頭が下がります（次節で紹介します）。

しかし、それなら家のラジオで聴けば、寄席に足を運ぶ必要はないと思われたらそれは困ります。本書の目的の一つは、寄席に、特に天満天神繁昌亭に足を運んでいただき、ライブ落語の楽しさを伝えることにあるのですから。

# おかげさまで英語落語

Speaking Flower

落語にはさまざまな分類軸があります。古典落語と新作落語の時代軸、上方落語と江戸落語の地域軸、あるいは滑稽噺・人情噺・芝居噺・怪談噺などのプロット軸、さらには武士・町人・僧侶・子どもなどの人物軸などなど、挙げ出せばキリがありません。

それらに加えて、新しい分類項として日本語落語と英語落語の言語軸も考えねばならない時代になりました。これまでの分類軸にまたがって英語落語が翻訳・創作されているからです。笑福亭銀瓶《ぎんぺい》さんの韓国語落語なども視野に入れれば「外国語落語」というべきかもしれませんが、以下では英語落語について考えます。

英語落語は故桂枝雀《しじゃく》師匠（一九三九〜一九九九）と、英会話学校代表の山本正昭氏（二〇〇五年没）によって始められましたが、いまや国内外で公演が重ねられ、英語の教科書にも採りあげられ、天満天神繁昌亭などでは英語落語だけの会が開かれるまでに定着しています。

日ごろの繁昌亭の客層は、高齢化社会をそのまま投影していますが、英語落語会には平均年齢は下がり、女性客の割合も増える傾向があります。これこそ繁昌亭にとってもっともありがたい光景でしょう。若い女性客の明るく甲高い笑い声は、落語家さんのテンションを高めるとともに、客席の笑いを誘発するのですから、こんなにありがたいことはない。

繁昌亭の英語落語会に中高生を勧誘しない手はありません（できれば女子中高生がいい）。繁昌亭の敷地は隣接する大阪天満宮から無償提供されているのですから、学問の神・受験の神のお膝元として御利益は大きい（に違いない）。女子中高生が、学問の神様の地で英語の勉強をしてくるといえば、親御さんも反対しない（に違いない）。中高生のみなさん、英語落語で英語を学びましょう。

では、英語落語を聞いたことがない方のために、桂あさ吉さんがマクラでふっていた小噺〈Speaking Flower〉を紹介しておきます。

とある花屋を訪れた客が「Speaking Flower」はあるかと尋ね、店主は花に名前を聞いてほしいと答える。客が花に聞くと、次々に「tulip」「carnation」「rose」と答えるが、答えない花があった。それを店主に告げると「Oh, it's a dry flower」だというのがオチ。

実はこの日本語版の元ネタでは、「あぁ、それはクチナシの花ですから」がオチなのですが（蛇足ですが「口無し」ですよ）、それを「gardenia」と直訳したのでは意味がない。「dry flower」としたのは名訳ですね。英語落語を聞けばこのような機知をも楽しむこともできるのです。

## 落語の翻訳に挑んでみたが…

この機知に刺激を受けて、私も落語の英訳を試みたことがあります。まずは、もっともポピュラーな落語〈寿限無《じゅげむ》〉から取り組みました。異常に長い子どもの名前のでてくる噺です。

**寿限無　寿限無　五劫《ごこう》のすりきれ　海砂利水魚《かいじゃりすいぎょ》の水行末《すいぎょうまつ》　雲来末《うんらいまつ》　風来末《ふうらいまつ》　食う寝るところに　住むところ　藪《やぶ》ら柑子《こうじ》　ぶら柑子　パイポ　パイポ　パイポのシューリンガン　シューリンガンのグーリンダイ　グーリンダイのポンポコピーのポンポコナの長久命《ちょうきゅうめい》の長助**

〈寿限無〉は小学校の国語教科書にも載っており、ＮＨＫＥテレ「にほんごであそぼ」でも話題になりましたから、落語ファン以外にも知られている落語の筆頭かもしれません。長い名前といえば、画家のパブロ・ピカソも異常に長かったですね。こちらはフィクションではなく実名だというから驚きです。

**パブロ・ディエゴ・ホセ・フランシスコ・デ・パウラ・ファン・ネポムセーノ・マリーア・デ・ロス・レメディオス・シプリアノ・デ・ラ・サンティシマ・トリニダード・ルイス・イ・ピカソ**

果たしてピカソは間違わずに自身のフルネームを名乗れたのでしょうか。ピカソは、九十一歳という長寿でしたから、もしや晩年に介護サービスを受けるための「要介護度認定」を受ければ、最初の質問「あなたのお名前を教えてください」の時点で、「要介護5」（最重度レベル）が確定したに違いない。

〈寿限無〉に戻ります。釈徹宗《しゃくてつしゅう》『落語に花咲く仏教』（朝日選書・二〇一七年）によれば、〈寿限無〉は、仏教思想をモチーフにしているそうです。「寿限無」とは、サンスクリット語の「アミターユス（阿弥陀仏）」を意訳したもので、「五劫のすりきれ」は、巨石が擦り切れるのを一劫と考える悠久の時間の単位からきているという具合です。

さぁて、これは困りました。翻訳を始めた当初は、「寿限無」の名前は固有名詞だから翻訳不要と考えていたのですが、このように仏教思想を踏まえた意味深い名だと知ってしまうと、そのニュアンスを伝えなければなるまい、と考えたのが間違いのもと。英訳に取り組む私の根気が擦り切れてしまいました。

そこで、テキストを〈高津《こうづ》の富〉に差し替えました。こちらは順調に進んだのですが、「布団をめくりますと」というオチ前のセリフで躓《つまず》きました。「布団」は「futon」で通じると聞いていたのですが、欧米人が「futon」と聞いた場合、果たして掛け布団を思い浮かべてくれるだろうかと心配になりました。かといって「Mattress」と訳せば、敷布団になってしまう。日本人なら「布団」と聞けば、会話の流れによって、掛け布団、敷き布団、座布団、炬燵布団かを判断してくれます。落語〈借家借り〉では、そこを逆手にとって、次のようなセリフで笑いを誘います。

**ちょっと話しますで、婆さんや布団を出しなはれ、布団を。えっ？　敷布団を出してどないするんじゃ。人が来てんのに私が寝てどないすんねや、座布団やがな。**

と、このお婆さんの軽い勘違いが面白く、落語にはこの手のクスグリが多いのですが、英語ではそうはいかない。欧米ではブランケットをかぶるので、掛け布団にあたる単語がないのかと思い、英和辞典を引くと「quilt」とありましたが、これも「Bed cover」と区別してもらえるかという不安もあり、というわけで、私の英語力のなさゆえに、〈高津の富〉の翻訳も空転しているのです。

しかし、このような試行錯誤のおかげで、改めて日本の文化を考えることにもなりました。文化に根差した言葉は外国語に翻訳できない（しにくい）ものが多く、そこが文明に根ざした用語との違いだと再認識したのです。司馬遼太郎『アメリカ素描』（新潮文庫・一九八九年）に、有名な「文化」と「文明」の定義があります。

**文明は「だれもが参加できる普遍的なもの・合理的なもの・機能的なもの」をさすのに対し、文化はむしろ不合理なものであり、特定の集団（たとえば民族）においてのみ通用する特殊なもので、他に及ぼしがたい。つまりは普遍的でない。**

「布団」は、まさに「他に及ぼしがたい」文化ですから、英訳には不向きでした。中高生のみなさん、英語落語を聞けば、このような異文化と日本文化の比較や、文化と文明の違いなど、いろいろ考えるきっかけになるのですよ。

## 合格は「ラッキー」か?

もう少し、翻訳の話を続けます。布団以外にも、翻訳に馴染まない我が国独特の言い回しが落語には頻出します。「…のおかげ」や「おかげさまで…」という表現も翻訳が難しい。

試みに「おかげさまで息子は合格しました」という例文をネット翻訳してみました。するとExcite翻訳では、「The son passed luckily」と訳されました。「おかげで」と「luckily」では似て非なるものだと思うのですが。

次に、Google翻訳では、「Son has passed with backing」となりました。「backing」(支援者)への感謝が含まれていますので「luckily」よりは少しはましなのでしょうか。

Yahoo! 翻訳では「The son passed it with a grace state」でした。「a grace state」は「神の恩恵を受けて」ということですから、かなり私たちの語感に近付いたのかもしれません(神と「GOD」の決定的な違いは、慮外に付しておきましょう)。

私たちが(落語の人物も含めて)、「おかげさまで」というとき、その感謝の対象は、直接に間接に私たちと関わる世間の人々であり、その世間を包み込んでいる豊かな自然であり、それを見守ってくださっている神々に対してでしょう。自然のなかに神も人も位置付ける神祇《じんぎ》信仰の世界観から生まれた独特の表現ですから、「ＧＯＤ」が自然からも人間からも超越した存在としての万物の創造主だという世界観の言葉では、正しく訳せないのは当たり前なのです。

そこで、桂枝雀さん亡きあと、精力的に英語落語に取り組んでいる桂かい枝《し》さんに、〈蛇含《じゃがん》草《そう》〉のセリフ「おかげで好きな餅が腹いっぱい」はどのように口演されますかとお尋ねしたら、「おかげで」の部分は「Thanks to that …」だということでした。なるほど、落語を楽しむのにはこれで十分なのでしょう。それでも、彼我の世界観の違いを超えることは難しいようです。

二〇二〇年には小学三年から英語教育が始まり、五・六年では英語が教科化されます。しかし、それが右のような文化や世界観をないがしろにするものでないことを願いたいものです。母語による文化や世界観を踏まえた思考力を身に付けてから、外語を学んでも遅くはないはずです。

言葉は思考の源泉なのですから、小学生には、まず母語による思考力を鍛え育ててほしいものです。「おかげさまで」の世界観を身につけてから、その英訳を学ぶ方が、自らの思考を相対化することにもなるはずです。

もし、小学生のうちから英語で思考するような子どもに育ってしまったら、その子は受験に合格したとき、天満宮の御礼絵馬に「I passed luckily」と書き兼ねません。真のバイリンガルとは、母語で考える力を十分に備えたうえで、外語でも意思疎通ができる人のことなのですよ。

## 締めの謎掛け

落語を聞くとかけて、受験と解く。その心は…。
どちらも「落ち」が気になります。

# ㈡、隔世の感を禁じえない

# なにわなんでも「ナンニャバシ」

## 新淀川と旧淀川

大雑把に言うと、琵琶湖から流れ出た「瀬田川」は京都で「宇治川」と呼ばれ、さらに大阪では「淀川」と名を変えます。その淀川下流付近にある毛馬閘門《けまこうもん》で南に分かれる支流は「大川」です。

この大阪市中を支流する大川は、もともとは淀川の本流でした。しかし、明治四十三年(一九一〇)に現在の淀川の河口部が開削されて以降、大川はその支流に格下げされたのです。そのため、開削後しばらくは新流路を「新淀川」、大川を「旧淀川」と呼んでいました。サ行とタ行がラ行発音になる大阪弁を揶揄する「ヨロガワノ ミルノンデハラ ララクラリ(淀川の水飲んで腹だだ下り)」は、旧淀川(大川)のことです、別にどっちゃでもええけど。

どっちゃでもええことないのは、古典落語に登場する「淀川」です。これは旧淀川(大川)をイメージしないと不都合なのです。たとえば、落語〈三十石《さんじっこく》〉の舞台は、宇治川の伏見と大川の八軒家《はちけんや》(天満橋南詰西方)を往復する乗合船ですが、この船は「淀川三十石船」と呼ばれ、その船頭衆の舟唄は「淀川三十石船舟唄」(大阪府指定無形民俗文化財)でした。ここに冠した淀川は、

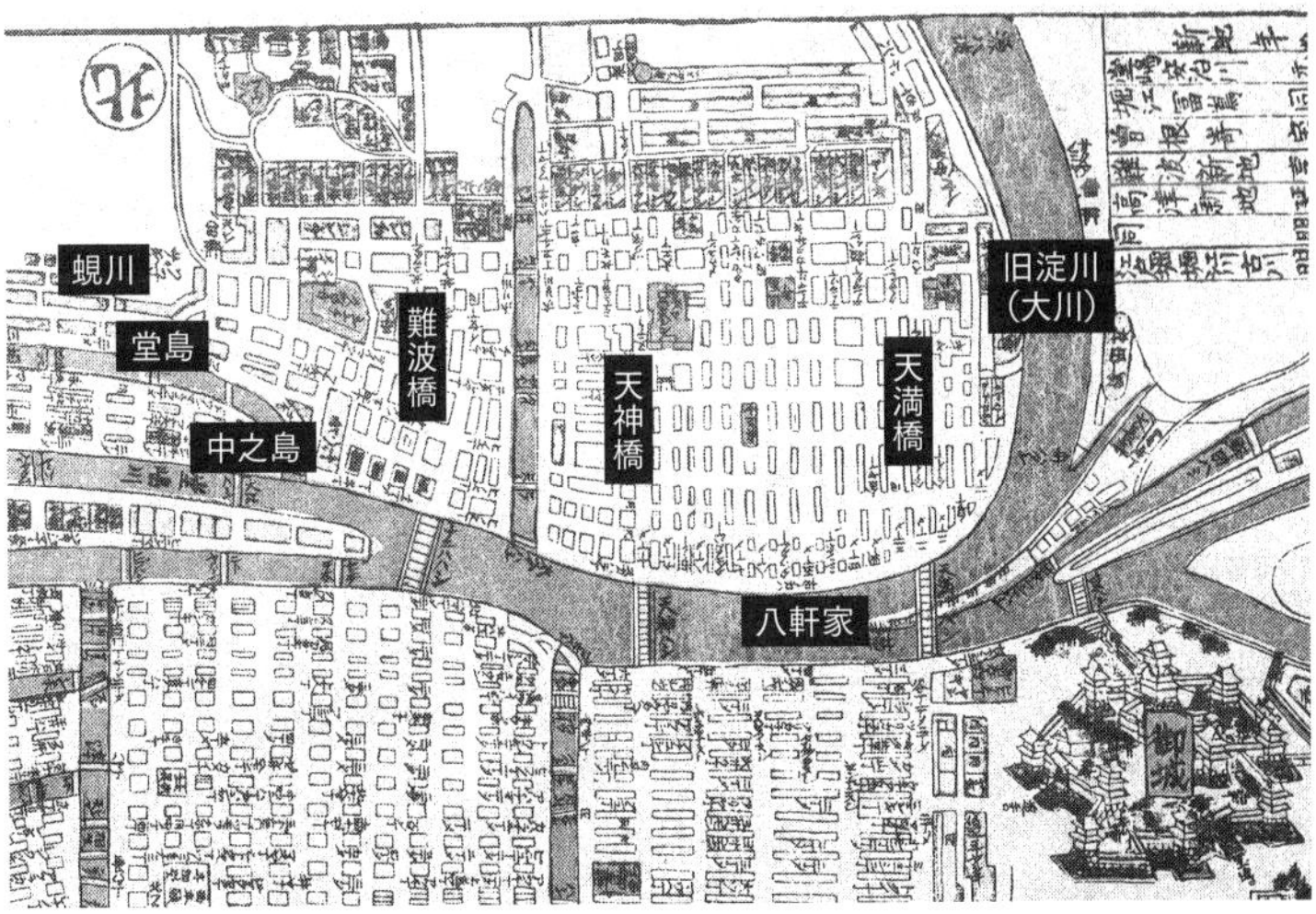


天明7年（1787）『増補大坂図』（大阪府立中之島図書館蔵）では、中之島の東端はまだ難波橋に達していない。現在の東端はさらに上流（右側）の天神橋に達している。

旧淀川（大川）のことだと認識しておかないと、三十石船は八軒家に着岸できなくなります。

旧淀川（大川）に架かる天満橋・天神橋・難波橋《なにわばし》は、江戸時代には「浪速三大橋」と総称され、なかでも難波橋は落語によく登場します。しかし、当時の難波橋辺りの地形は現在とはかなり異なっていました。大川の中州である中之島は、江戸時代にはその東端が難波橋の下流（西方）、現在の東洋陶磁美術館あたりでした。つまり、当時の中之島は、現在の島影よりは小さかった（短かった）のです。

この中之島によって大川はその

北側を流れる堂島川と、南側を流れる土佐堀川に分岐し、中之島の西端で再び合流します。中之島は、大川によって運ばれた土砂の堆積によって生まれた島ですから、その後も上流部への堆積は続きました。結果、中之島は上流部に形成される新たな中州を取り込んで島域を拡大し、やがて難波橋より上流に伸びて、さらに天神橋にまで達して、現在の島影となるのです。

それまでの難波橋は大川を一気に跨ぐ大橋でしたが、現在は中之島に橋脚を構えて堂島川と土佐堀川を跨いでいます。中之島に架かる橋は、堂島川と土佐堀川とでそれぞれに別の橋名が付けられていますが、天神橋と難波橋だけは同じ橋名で両川に架かっているのはそのせいなのです。

いうまでもなく、難波橋の正しい読みは「なにわばし」です。牧村史陽『大阪ことば事典』によれば、「なにわばし→なにやばし→なんにゃばし」と訛《なま》ったといいます。大阪人の私には、この訛りはあまり気になりませんが、これを「なんばばし」と読まれるのは許せません。「なんにゃばしから突き落としたろか！」と思ってしまいます。二〇〇八年に開通した京阪中之島線の駅名が「なにわ橋駅」と平仮名表記なのは「なんばばし」と誤読されたくないからでしょう。

ところで、現在の難波橋は堺筋に架かっていますが、もとは堺筋の一筋西側（下流側）の「難波筋」に架橋されていました（だから「難波橋」だったのです）。しかし、大正四年（一九一五）に大阪市電を天神橋筋六丁目まで延伸するための橋が新たに堺筋に架けられました。当初は、この新橋を「大川橋」と呼びましたが、難波橋の撤去に伴い、新橋を難波橋と呼ぶようになったのです。本来なら、新橋は「堺橋」になるべきだと思いますが、難波橋の名は「浪花三大橋」の一つですから、大阪人には大切な橋名。たとえ「筋違い」と言われようと、その名を残したかったのでしょう。

## 〈遊山船〉と〈船弁慶〉の中州

落語〈遊山船《ゆさんぶね》〉では、裏長屋に住む喜六と清八が難波橋へ夕涼みに出かけます。橋の上やたもとでは、冷やした西瓜《すいか》や枇杷葉湯《びわようとう》（＝ビワ葉の煎汁）などの夜店が並び、川面の遊山船（船遊びの屋形船）では、御大尽《おだいじん》が芸妓遊びの音曲を響かせています。その遊山船に並走して飲食物や芸を売る茶船《ちゃぶね》（小さな通い船）も数知れません。

この種の茶船としては、枚方付近で三十石船に横付けして飲食物を売った「くらわんか船」が有名ですが、難波橋あたりの茶船は売り物の多様性が特徴でした。その様子は、まるでベトナム・メコン川の水上マーケットさながらの光景ですね（テレビで見ただけで、行ったことはないけれど）。

また落語〈船弁慶《ふなべんけい》〉でも、喜六・清八が女房に内緒で難波橋上流での船遊びに出かけます。その後、喜六の女房お松も夕涼みに出かけ、偶然に難波橋上から船上の夫を見つけてしまう。怒ったお松は小舟で漕ぎ寄せて夫をなじりますが、喜六は清八の手前もあり（男は、友人の前では意地を張るのです）、お松を川へ突き落としてしまいます。しかし、幸いなことにそこは浅瀬だった。その場面はこんな感じです。

「あ、あんた！　こんなとこで何してなはんねん？」
お松さんが大きな声を出しましたんで、喜六は一瞬「ギクッ！」としましたが、そこは酒が入ったぁる、友達の手前がある。
「何！」っとドーンと突きますというと、お松さん可哀想に川の中へドボ〜ン。立ち上がりますというと、幸い川は浅瀬でございます。水は腰きりよりございません。

この場面について、ある落語本は「お松は川の中へドブーンと落ちる。幸い夏場のことで水は腰までしかない」と説明していますが、それはないでしょう。夏場のたびに大川が腰くらいの浅さになっていたのでは、水の都の舟運に支障が出てしまいます。

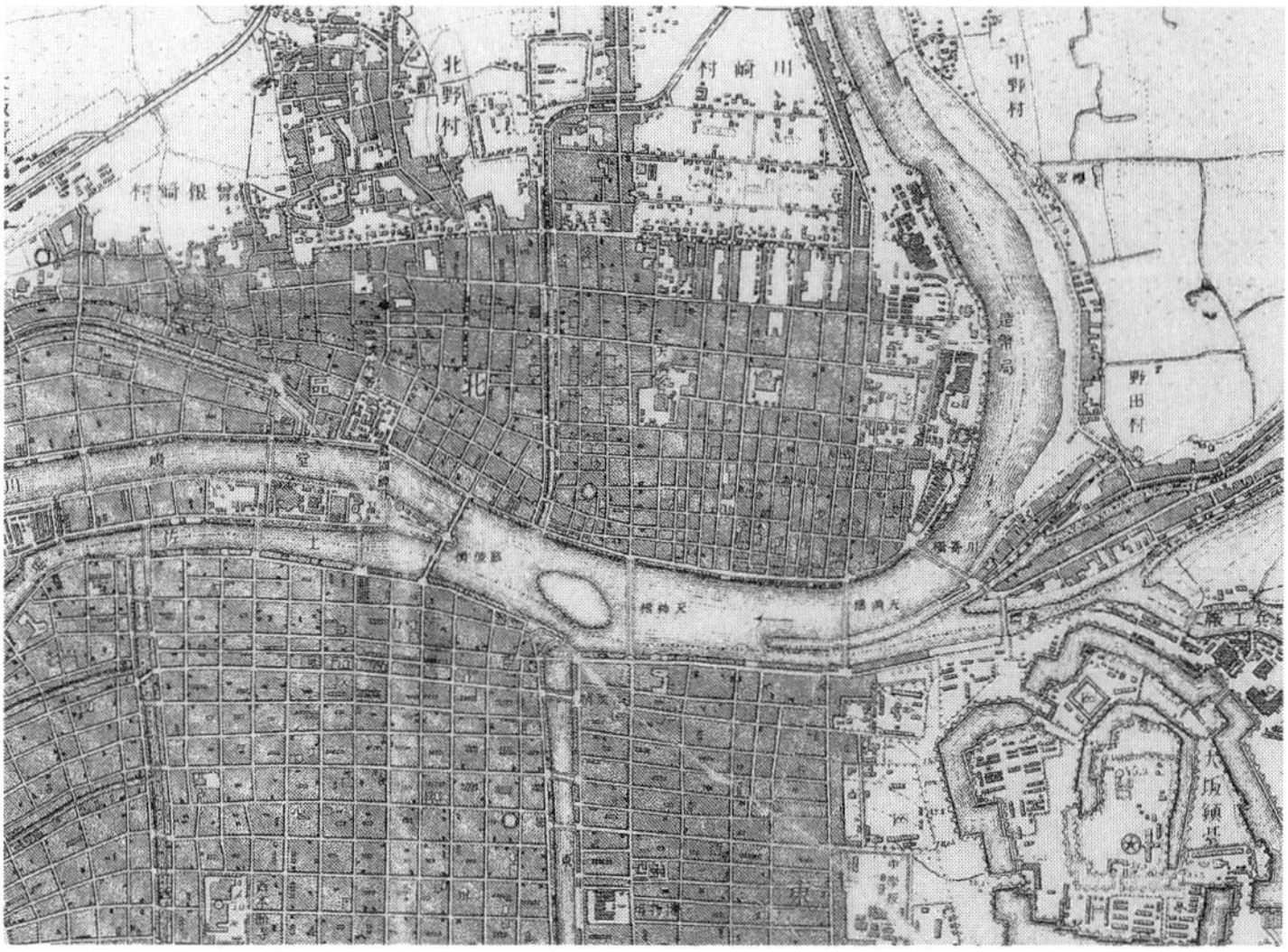


明治17～23年(1884～90)『参謀本部陸軍部測量局 二万分の一仮製地形図』(大阪府立中之島図書館蔵) では、中之島の東端はすでに難波橋の上流に達し、さらにその上流に中州が描かれている。現在の中之島はこの中州を取り込んで、天神橋の上流にまで延伸している。

　では、なぜ浅瀬だったのか。明治十七～二十三年（一八八四～九〇）の地図をご覧ください。難波橋の上流に、つまり当時の中之島の上流に中州が描かれています。お松さんが落ちたのは、この中洲形成途上の浅瀬だったのです。それを知らないと、たまたま浅瀬に落ちたなんて落語のご都合主義だと思ってしまいます。もっとも、ご都合主義だと笑っても、落語としてはありなんですけどね。

　それはさておき、この中州は幕末までに形成されていたようです。次の図は五雲亭《ごうんてい》（歌川）貞秀（一八〇七～一八七九）の『浪花大

五雲亭（歌川）貞秀の『浪花大湊一覧』（大阪府立中之島図書館蔵）。誤って天神橋（右奥）と天満橋（手前）の間に中州を描いている。天満橋を渡るのは文久3年（1863）十四代将軍・徳川家茂の大行列。三代将軍・家光以来229年ぶりの上洛を果たした後、大坂城に入った時の様子を描いた。

湊一覧』です。天満橋上空から南西方向に広がる大坂市中を描き、大川の下流（画面右端）に天神橋を配しています。問題は天満橋と天神橋との間に大きな中州を描いてしまったことです。この中州は、先に紹介した地図のように、正しくは天神橋の下流にあったはずですが、間違って上流に描いてしまったのです。

貞秀は精密な鳥瞰図絵師として知られましたが、ディテールの正確さには不安があります。天神祭を描いた『浪速天満祭』についても、間違った情報で描いていることが指摘されています（橋爪節也「浪速天満祭」『天神祭 火と水の都市祭礼』思文閣出版・二〇〇一年）。

しかし、ここで留意したいのは、中州の位置の間違いではなく、この絵が描かれた文久三年（一八六三）に、中州の存在が貞秀にもたらされていたことです。お松さんが大川に落ちたとき、すでに中州は形成され始めていたようです。

## 中洲の光景と粋な船遊び

この中州あたりの情景については、明治中期の俳人・島道《しまみち》素石《そせき》（一八七三〜？）も次のように描写しています。

何んといっても浪花の納涼は大川であった。天満橋下流難波橋迄の中間は　その頃、洲の砂原があって角力《すもう》や鬼ごっこが出来たのだ。豊年屋が頭に盥《たらい》を載せて踊っても見せた。浜々の雁木《がんぎ》には通船《かよいぶね》（小納涼舟）が客待ちをしている。誠にのんきな風景であった。夕暮れともなれば四方から集る船々、大家形、小家形、紅梅、さては新地の蜆川《しじみがわ》から粋なのも流してくる。そして花火舟、新内船、物売舟、酒舟に按摩舟まで交って夜の大川は偉観を呈したものだ。

（「大川納涼」『上方』三十一号・一九三三年）

「天満橋下流」とあるのは五雲亭と同じく「天神橋下流」の誤り。お松さんが突き落された浅瀬は、この頃には角力（相撲）や鬼ごっこで遊べるほどにしっかりした中州になっていたのです。「豊年屋」とは、豊年踊りの大道芸人で、「紅梅」は最小の屋形船のこと、蜆川から流してくる「粋なの」も遊びの船です。

この「粋」は上方では「すい」と読み、花柳界や芸界における、しきたりや作法に精通していることをいいます。江戸では「いき」と読みますが、『江戸いろはかるた』にある「粋は身を食う」は「すい」です。花柳界において誉めそやされて、いい気になっているうちに身を滅ぼしてしまうことを言いますから、意味も上方の「すい」を踏まえています。

「蜆川から粋なのも流してくる」遊山船については、左の図のように描かれています。船上の粋人もやがては「身を食う」ことになるのでしょうか。

蜆川（曽根崎川）は、堂島川から北へ分かれて現在の北新地を西流し、堂島大橋下流で再び堂島川に合流するバイパスのような川でした。この蜆川と堂島川に挟まれた島が堂島なのです。

蜆川の右岸には曽根崎新地が、左岸には堂島新地が栄えました。『曽根崎心中』のお初も堂島新地の置屋・天満屋の遊女でした。置屋とは芸妓《げいぎ》と娼妓《しょうぎ》を抱える家のことで、お客は揚屋の座敷に彼女たちを呼んで遊ぶのです。両新地の揚屋には、座敷から川面に降りる階段が通じており、お客たちは蜆川に泊めた遊山船にお座敷から直接に乗り込んで、大川へ漕ぎ出し、難波

蜆川をゆく遊山船（『上方』第140号より）。画面の右上に「大坂しゝミ川船遊び」、左下に「是から大川へ出そう」と見える。

橋上流あたりで船遊びを楽しんだのです。

なお、蜆川は明治四十二年（一九〇九）の「キタの大火」（天満焼け）により埋没河川となったため、堂島は曽根崎と陸続きになり、旧両岸の新地は合わせて現在の北新地になります。

島道素石が相撲や鬼ごっこができたという「洲の砂原」については、素石とほぼ同時代の詩人・高安月郊《たかやすげっこう》（一八六九〜一九四四）も、当時の中州付近の光景を次のように活写しています。

**大川へ出ると、風は俄に舟の灯を煽《あお》ぐ。舷《とも》を扇で叩いて、謡曲、浄瑠璃うなりながら、鮒《ふな》**

**卯《う》、芝藤《しばとう》、日出などの舟生洲《ふないけす》へつけて料理をあつらえ、舟へ運び入れて更に遡る。我等の子供の頃などは浪華橋と天神橋との間に中洲があった。それへつけて上がるもあり、暫く休むと寄って来るのは果物の舟、善哉の舟、鮨の舟、花火の舟、落語の舟、此方の舟で飲み食いして、彼方の舟の芸を見聞きする。一つ済むと互いに離れる。**

**（「水の都」『畿内見物』一九一二年）**

先の素石は「大家形・小家形・紅梅」や「粋なの」で遊ぶ客を相手に「花火舟・新内船・物売舟・酒舟・按摩舟」などが商売のために漕ぎ寄せたと書いていましたが、月郊はこれに加えて「謡曲・浄瑠璃・落語」までもが楽しめたといいます。

飲食物を売るだけではなく、船を並航させながら「新内節」や「謡曲・浄瑠璃・落語」などを楽しむ。当時の遊興街には、太夫と三味線ひきが歩きながら演奏する「新内流し」がいましたが、彼らは川面における文字通りの「流し」だったのです。

木谷千種「浄瑠璃船」
（1926年・絹本着色・六曲一隻・175.3×360.0cm・大阪新美術館建設準備室蔵）

## 「浄瑠璃船」の夕涼み

浄瑠璃を聴かせる様子については、木谷《きたに》千種《ちぐさ》（一八九五〜一九四七）が「浄瑠璃船」を描いています。艫《とも》（船尾。図の左手）の提灯に「淀屋」と見えますから、あの豪商・淀屋のお嬢さんでしょうか。並航する船では浄瑠璃語りの太夫が語っています。

美術史の橋爪節也先生にヒントをいただいて太夫の前の床本を調べたら、近松門左衛門の『冥途《めいど》の飛脚《ひきやく》』を改作した『けいせい恋飛脚《こいびきやく》』新口村《にのくちむら》の段の「雪の道行」のシーンでした。ちなみに太夫の右に置かれている床本の表紙には「政岡忠義段　伽羅」と読めます。『伽羅先代萩《めいぼくせんだいはぎ》』ですね。千草は浄瑠璃研究家の木

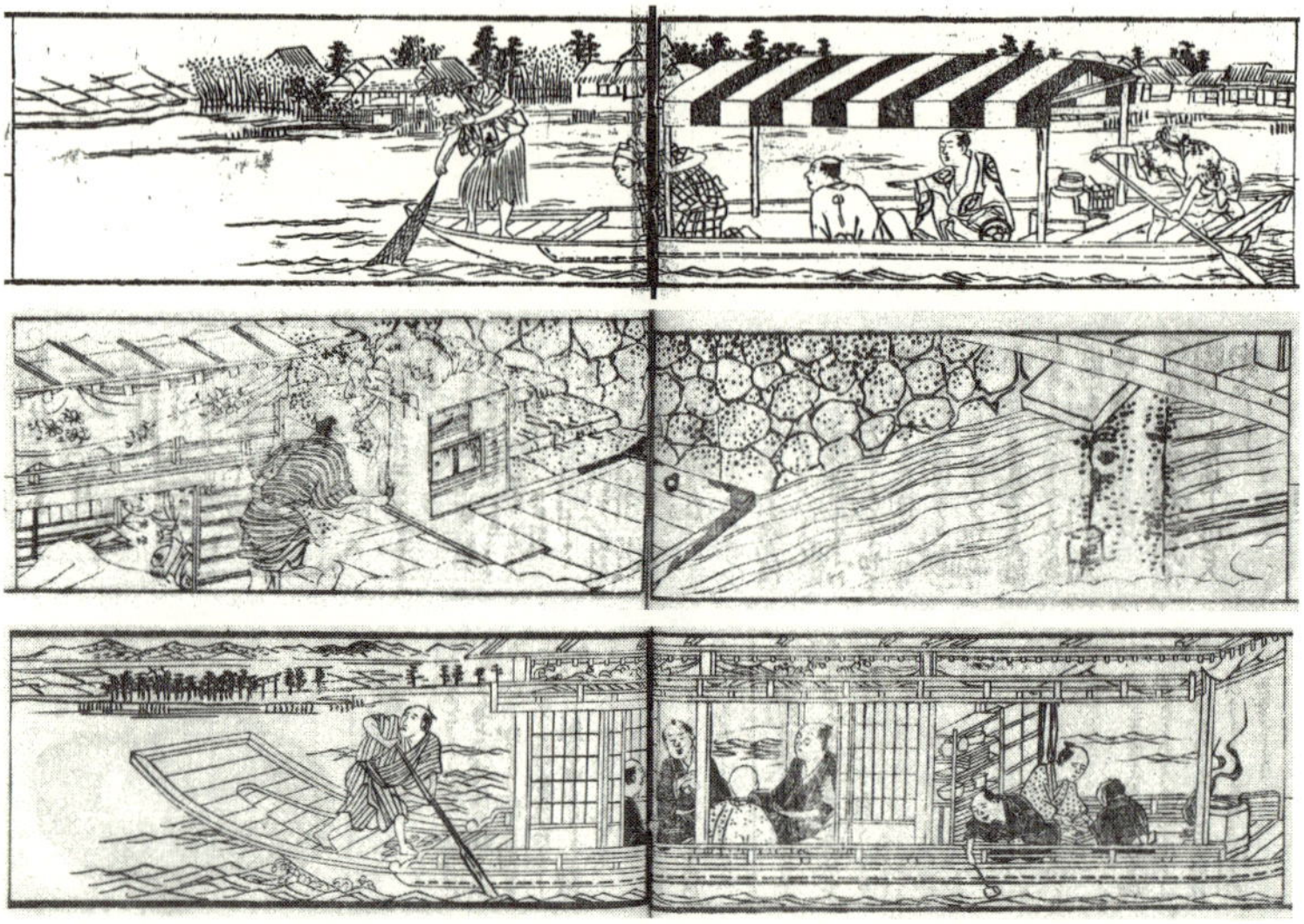

享和３年（1803）『即席料理 素人庖丁』（大阪府立中之島図書館蔵）より。上段は船上の網漁で新鮮な魚を提供する船。中段は食材や食器棚を船に運び込んでいる。下段は客たちが会食し、船尾では料理人が調理にいそしんでいる。

谷蓬吟《ほうぎん》と結婚していますから、床本の描写も疎かにはできなかったようです。

気になるのは、この二作品とも淀屋が闕所《けつしょ》（取り潰し）になった宝永二年（一七〇五）以降の初演だということです。『けいせい恋飛脚』は天明元年（一七八一）の、『伽羅先代萩』は安永六年（一七七七）の初演ですから提灯と辻褄が合いません。だからといって、この船の「淀屋」は闕所となった本家ではなく、分家ではないかと勘繰るのはすげないですね。豪商・淀屋のお嬢さんに対する、千草のレクイエムだったと考えておきましょう。

話があらぬ方向に流れてしまいました。大川の船上料亭に戻ります。「鮒卯・芝藤・日出」などの料亭から出てくる「舟生洲」とは、いわば船上料亭のようなものです。規模が大きいものは、二、三艘の屋形船を一連に繋ぎ、その一艘を割烹船、他船を座敷船として食事を供したといいます。「鮒卯」は網島町にあった老舗料亭「鮒卯楼」のこと、「芝藤」は、高麗橋に現存する「柴藤」のことです。

船での飲食については、右図のように現在のようなお弁当を持ち込むだけの舟遊びとは趣が異なっていたのです。そして、飲み食いに飽きたら船を「それ（中州）へつけて上がる」のが人気の趣向だったのです。

## 〈骨釣り〉と〈野ざらし〉の大川

この大川の中州については落語〈骨《こつ》釣り〉にも登場しますが、その風情はかなり異なっています。まずはあらすじを。

若旦那が芸妓や太鼓持ちの繁八を連れて木津川へ釣りに出掛ける。繁八はドクロを吊り上げてしまったため、帰りに寺院に立ち寄ってその回向《えこう》（供養）をしてもらう。すると、その夜に美しい女性（実はドクロの前身）が訪ねてきて、一夜をともにする。その様子を窺っていた隣人が、翌日に同じ恩恵に預かろうと淀川（大川）に漕ぎ出す。しかし、魚は釣れてもドクロは釣れない。小便をするために中州に上がると、びっしり生えた葦の中にドクロが…（オチについてはP１７１で考えます）。

ここに描かれる中州は、〈遊山船〉や〈船弁慶〉に比べて不気味すぎます。中国の『笑府《しょうふ》』（十七世紀前半）にある原話を大川の中州に置き換えたためだからでしょうか。

この上方落語〈骨釣り〉は、東京に移されると〈野ざらし〉になりますが、その主人公が釣りをするのも「大川」です。しかし、この大川は旧淀川ではなく、東京の隅田川のことなのです。浅草に近い吾妻橋あたりから下流を大川といいました。芥川龍之介の随筆「大川の水」は、「自分は、大川端に近い町に生まれた」と書き始め、「芦荻《ろてき》の茂った所々の砂洲」という描写も出てきます。隅田川の中州です。

最近は、この〈野ざらし〉バージョンを逆輸入して演じる上方の落語家さんもいるので、大阪のお客たちは、「大川」と聞いて旧淀川だと思い込んでいるようです。しかし、それでは「四方《よも》の山々雪解けて、水かさ増さる大川の」のフレーズに違和感が残ります。旧淀川に四方の山々の雪解け水は流れ込みませんから。でも、面白ければどちらの大川でも構わないのです。

それにしても、落語は曲者ですね。お松さんが落ちたところが浅瀬だったのは、落語のご都合主義ではなく、幕末期の地形を正しく踏まえていたのです。落語を聞かなければ、現在の中之島の島影が、上流の中州を取り込んで拡大形成されたなんて考えもしないし、昭和初年まで難波橋付近が夕涼みの名所だったなんてことも知るよしもない。

落語はなかなかのものでしょう。当時の地形史や風俗まで考える機会になるうえに、面白く楽しませてくれるのだから、うん！　寄席に行こう。

# 変幻自在の尿瓶

## 笑うから面白い

落語の笑いは上下左右に幅広く奥深いものです。喜六がしでかす「そんなアホな」という失敗に優越感をくすぐられたり、清八がやらかす「さもありなん」といううっかりミスに共感したり、さまざまなスタンスの笑いが準備されています。

そして、そのうちのギャグ一つを聞いても、お客の関心のありかや、知識の多寡《たか》によって異なった笑いがおこります。そのために、優れた落語には誰もがさまざまに笑えるように、幾層にも笑いが仕込まれていることはなんども指摘してきたところです。

落語の寄席では、爆笑が巻き起こる空間のなかで、何が面白いのかわからないままに「ここは笑っておかねば」と見栄で笑っているお客もいます。心理学のジェームズ・ランゲ説によれば、私たちは「悲しいから泣くのではなく、泣くから悲しい」ということですから、この見栄客も「面白いから笑うのではなく、笑うから面白い」効果の結果、結局は面白くなるのでしょう。

しかし以下では、そのような聞き手側の条件ではなく、時代の変化によって、共有していた文化を失った結果、「そんなアホな」と「さもありなん」の座標軸が揺れ動くことを紹介しようとしています。テキストには落語〈尿瓶《しびん》の花活け〉（〈しびん〉とも）を使用します。まずは、その梗概《こうがい》から。

**大坂・長町（大阪市浪速区）の古道具屋を訪れた鳥取藩士が、店内の尿瓶に目をとめて「珍しい花活けだ」と値段を聞く。店主は「これは尿瓶で…」と売り物でないことを伝えようとするが、武士は「しびん」を作者名だと早とちりして買い求める。屋敷に帰った武士が花を活けて飾っていると、来客から本当のことを教えられ、怒った武士は…（オチは後述）。**

さて、この鳥取藩士が古道具屋の尿瓶を花活けだと思い込んだのは、「そんなアホな」か「さもありなん」か、どちらでしょう？　これが意外に難しいのです。

現代の寄席のお客が、ガラス製（あるいはプラスチック製）のひしゃげた球形型に取っ手を付けた尿瓶と、それによく似たガラス製花活けを思い浮かべて、その類似に「さもありなん」と笑うことも可能でしょう。しかし、ガラスの尿瓶に対して、円筒形の陶磁器の花瓶を思えば「そんなアホな」になります。

では、江戸時代の落語ファンは、どのような尿瓶を思い浮かべて笑ったのでしょうか。花活けについては、現代の一般的な陶磁器の原型は江戸時代に成立していますから、現代人と鳥取藩士のイメージはあまりズレがないとしておきましょう。問題は尿瓶です。江戸時代に、ガラス製の尿瓶であるわけがない。

では、江戸時代の尿瓶とはどのような形態だったのでしょうか。それがわからないと、鳥取藩士の勘違いを共有できず、当時の寄席の笑いにも共振できないことになります。江戸時代の尿瓶の形態など、世間的にはどうでもいいことかもしれませんが、歴史学徒の末席にいる私としては捨てておけない大問題なのです。C-bin or not C-bin, that is the question!

というわけで、しばらく尿瓶談義が続きます。御用とお急ぎでない方はゆっくりとお付き合いください。

## 忘れられた尿瓶

江戸時代の大坂の尿瓶については、考古学の論考があります。江浦《えうら》洋さんの「近世溲瓶《しびん》小考」(『大阪文化財研究』三十五)や、小田木富慈美《おだぎふじみ》さんの、その名もズバリ「尿瓶の花生」(大阪市文化

A類尿瓶（大坂城跡出土）

B類尿瓶（茶屋町遺跡出土）

C類尿瓶（中之島蔵屋敷跡出土）

写真提供／A類：公益財団法人大阪府文化財センター
B類・C類：公益財団法人大阪市博物館協会 大阪文化財研究所

財情報『葦火』一五五号）などです。

江浦さんによれば、江戸時代の地層から発掘された尿瓶は、その形態によりA類・B類・C類に分類されるそうです。A類は縦型の瓶形で、その頭に宝珠形の取っ手、C類は平瓶形で、その上部にブリッジ状の取っ手があります。B類はその中間で、C類の平瓶形の胴に、A類と同じ宝珠形の取っ手がついています。

小田木さんのご教示によれば、A類は大坂では十六世紀末〜十七世紀初頭だけに見られ、一方、B・C類が一定量出土するようになるのは、つまり一般に尿瓶が普及するのは、十八世紀後半以降だといいます。

ということは、尿瓶が一般に普及していなかった時代には別のもので代用していたことになります。十七世紀の大名、片桐石州《せきしゅう》（貞昌／一六〇五

〜一六七三）の面白いエピソードを紹介しておきましょう。石州は茶人としても知られ、茶道石州流の祖とされます。

**石州が江戸の宿舎で見かけた「尿器（尿瓶）」が「よしあるもの（由緒ある物）」のようだと思い、宿の主人に洗い清めさせたところ、「甚だ古く、よろしき唐物（中国から渡来の物）」だった。そこで石州はこの尿瓶を大金で買い取ると、即座にその場で従者に命じて微塵に打ち砕かせた。驚く主人や従者に対し、石州は「この壺、甚だ古くして、良き唐物」なので、今後、目の効く者がこれを買い取り、不浄の物であることを隠して誰かに高値で売り渡すかもしれない。だから、こうして打ち砕かせたのだ、と説明した。**

**（中村弘毅『思斎漫録』一八三二年）**

これは石州の見識の高さを伝えるための逸話なのですが、ここでは、まだ尿瓶が普及していなかった時代には代用品の尿瓶を使っていたことに注目しておきたいと思います。しかし、十八世紀にもなると尿瓶はかなり普及しました。しかも、それは現代のような介護用というよりは、日常的な用途に供せられたのです。

特に長屋の住人には、屋外の共同便所を避けて室内で用をたすための必需品だったようです（P

25)。江戸時代の大坂は、借家率が高く住民の六割以上が長屋住まいでしたから、大坂は「尿瓶率」全国第一位だった可能性が高いのです。たしかに、極寒の夜に家を出て長屋の端っこのトイレに突っ立ってジョンジョロリンはつらい。温かい寝床で用を済ませられるならそれに越したことはない。

落語〈宿屋《やどや》仇《がたき》〉では、清八が宿屋の部屋を出ようとすると、宿屋の伊八《いはち》に止められます。清八が「いや、ちょっ、ちょっ、ちょっとお手水《ちょうず》（便所）」と答えると、伊八は「ほな、ここへ尿瓶持って来まっさかいな」と答える場面があります。伊八は清八を部屋から出せない事情があるのですが、それはともかく、この会話は、尿瓶の使用が病人だけではなかったことを窺わせます。

福澤諭吉も『学問のすゝめ』に次のように書いています。

**日本人は寝屋の内に尿瓶を置きて、これに小便を貯え、あるいは便所より出でゝ手を洗うことなく、洋人は夜中といえども起きて便所に行き、何等事故あるも（どんなことがあっても）必ず手を洗ふ（下略）**

これは、日本人の不潔さを指摘する文章なのですが、同時に「寝床の尿瓶」が日本の伝統文化だったことも窺えます。

みなさん、今からでも遅くはないですから「寝床の尿瓶」を復活しませんか。そうすればトイレに立ったことで目が覚めてしまい、朝まで眠れなくなることもないのです。高齢化が進む社会における頻尿対策のためにも、みなさん、枕元に尿瓶を置きましょう。「NPO寝床の尿瓶文化を守る会」を立ち上げましょう。

さて、ようやくここからが本題。私は〈尿瓶の花活け〉の鳥取藩士が古道具屋で見かけたのは、当時はすでに過去の遺物となっていたA類の尿瓶だったと考えています。落語では、彼は尿瓶を知らなかった設定ですが（「しびん」を作者の名前だと思い込むのですから）、もし仮に知っていたとしても、それはC類かB類だったはずです。A類の尿瓶を知らなかったために、それを花活けだと思い込んでしまったのです。なかなか説得力のある仮説でしょう（落語のことですから、反証可能性は限りなく低いのですが）。

この落語は十八世紀後半以降の成立ですから、当該期には、すでにA類は「忘れられた尿瓶」になっていたのです。ここがキモです。武士が花活けと間違ったのも無理からぬこと、江戸時代の落語ファンは、鳥取藩士の無知をあざ笑うのではなく、自身も骨董屋で勘違いしかけたことのあるA類尿瓶を思い浮かべて、「さもありなん」と苦笑したに違いないのです。

## 〈三十石〉と〈矢橋船〉の尿瓶

　では、古道具屋で見かけたのが、仮にA類ではなく、家人が使用中のC類だったとしたら、落語の展開はどのように変わったのでしょう。もちろん、鳥取藩士がC類尿瓶を知っていたら間違いようがないから落語にはなりません。しかし、この武士がC類も含めて尿瓶そのものを知らなかったとしたら、そのときはそれを「花活け」ではなく、きっと「急須」に間違ったに違いない。C類尿瓶は、注ぎ口が太すぎることを除けば「急須」に瓜二つだからです。

　事実、『東海道中膝栗毛』には、急須を尿瓶と間違える場面があります。

　**京から大坂に下る三十石船は、夜に伏見を出て早朝に八軒家に着く。その船中で、弥次さんは小便がしたくなり、同乗の御隠居に尿瓶を借りることになる。弥次さんは、暗がりのなか手探りで間違って急須を取り上げて用をたす。その後、その急須で御隠居や喜多さんが燗酒を飲むことになり…。**

　弥次さんが、急須を尿瓶だと間違えたのは、頭の中でC類尿瓶をイメージしながら手探りしていたからです。先の小田木さんによると、『膝栗毛』の成立した十九世紀初頭には、尿瓶は一般に普及していたものの、一方の急須はまだ珍しかったそうです。しかも、遺跡からの出土状況によって、土瓶や急須は関東よりも関西で早く普及したことが明らかになっているらしい。なるほど、江戸から上方に上ってきた弥次・喜多にとって、C類尿瓶は馴染みでも、まだ急須は知らなかったのです。だからC類尿瓶を探していて、急須を取り上げてしまった。このあたりも、なかなか説得力のある推測でしょう（滑稽本のことだから、反証可能性は限りなく低いのですが）。

三十石船といえば、落語〈三十石〉には女性用の尿瓶が登場します。お婆さんは「年寄りが舟上でシシするのは危ないから」と砂を入れた「焙烙《ほうろく》」を尿瓶代わりに持参して乗船します。焙烙は豆などを炒る素焼きの土器で、当時は女性用の尿瓶としても流用されていました。

落語〈初音《はつね》の鼓《つづみ》〉には「小野小町が使用していた尿瓶」が出てきますが、これも焙烙だったのでしょうね。焙烙の尿瓶代用は一般的だったらしく、「焙烙を 溲瓶に使う 女中船」という川柳があります。船上の焙烙といえば用途は決まっているとばかりに「焙烙へ たれると船頭 こらえかね」という句まで作られています。船頭はシシする若い女性の白い臀部に目を奪われて動揺したのです。川に落ちなくてよかった。

先の『膝栗毛』では、弥次さんが誤って急須で燗酒を飲みましたが、落語〈天神山《てんじんやま》〉では「花見」ならぬ「墓見」に行った男がオマルに弁当を、尿瓶にお酒を入れて持参します。オマル弁当にシビン酒という趣向ですが、どちらも使用済というのですから、まぁひどい噺です。

さらに、落語〈矢橋船《やばせぶね》〉でも、琵琶湖の矢橋港（現草津市）から大津港へ向かう矢橋船のなかで、燗徳利《かんとつくり》を忘れたために、承知の上で未使用の尿瓶を使って酒の燗をします。これもC類尿瓶でしたから燗をしやすかったのでしょう。船旅に尿瓶は必携品だったのです。

少し話がそれますが、草津宿から瀬田の唐橋を渡って大津宿まで歩くと三里くらい。草津宿から一里歩いて矢橋港で船に乗ると歩く距離が大幅に短縮できますが、反面、比良《ひら》おろし（局地風）によって吹き戻されるか、転覆するかのリスクが伴いました。そこから「急がば廻れ」の諺《ことわざ》ができたのです。草津から瀬田の唐橋を迂回して大津へ行く方が、結果的には早く着くということです。

落語の祖とされる安楽庵策伝《あんらくあんさくでん》（一五五四～一六四二）も「武士《もののふ》の 矢橋の船は 早くとも 急がば廻れ 瀬田の長橋」という連歌師の宗長《そうちょう》（一四四八～一五三二）の句を紹介しています。しかし、尿意をもよおしたときは「急がば廻れ」ではなく、手元の尿瓶にするべきです。江戸時代には「遠くの共同便所より近くの尿瓶」だったのですから。

## 〈尿瓶の花活け〉の種本七種

落語〈尿瓶の花活け〉に戻ります。その元ネタにあたるものが、七種の軽口本《かるくちぼん》（笑話集）に載っています。七種ともに主人公は鳥取藩士ではなく、それぞれに素性は異なり、尿瓶を何と勘違いするかの趣向もさまざまです。尿瓶は何かに見立てられやすい運命のようです。以下、七種を順に紹介していきます。

まずは、①『軽口福徳利』巻三（一七五三年）に載っている「しゅびん」と題する噺から。

**主人公の「田舎者」が瀬戸物屋で「溲瓶《しゅびん》」を見て「これは重宝な物」だと十個も買い求める。不審に思った店主が尋ねると、国元での「椀飯振舞《おうばんぶるまい》」（＝盛大な饗応）の際に蕎麦を打ち、これを「辛味注《からみつぎ》」（＝蕎麦徳利）にするのだという。**

「溲」は小便の意です。まだ田舎には尿瓶が普及していない十八世紀中ごろの噺ですが、この田舎者が尿瓶を知らないのはいいとして、何類の尿瓶でしょうか？「蕎麦徳利」にしようとするのですから、A類の尿瓶でしょう。それにしても、十個もの尿瓶が並ぶ宴会風景は愉快ですね。

次に②『軽口豊年遊《ほうねんあそび》』巻三（一七五四年）から「しびんの花生」を。

「文盲な男」が、自宅に客を迎えるにあたり「何ぞ珍しき物」に花を生けてもてなそうと思い、尿瓶を買って来て花を生けておいた。客が「これは尿瓶では？」と問うと、男は、「いや、そのような名のあるものではございません」と答える。

同書はのちに③『軽口太平楽《たいへいらく》』（一七七三年）と改題して再刊され、また④『うぐひす笛』（一七八一年頃）にも「溲瓶」の名で再録されています。落語〈尿瓶の花活け〉は、この系譜に連なるのでしょう。尿瓶だと指摘されて「そのような名のあるものではございません」と答えるのは、落語で「しびん」を作者名だと勘違いするヒントになったと思えるからです。

⑤『口合恵宝袋《くちあいえほうぶくろ》』巻之五（一七五五年）の「しゆびん」は、茶道の世界が舞台です。

にわかに茶の湯を習いだした男が、珍しい茶道具を求めて清水坂へ行き、尿瓶を古手の良い「水翻《みずこぼし》」だと勘違いして買い求める。来客に良い掘り出し物を入手したと自慢すると、来客は「これは珍しい尿瓶だ」と皮肉った。それでも男は平気な顔で「よく見ろ、弘法大師の時代のものだ」と答える。

ここでは主人公の素性は不明ですが、茶道具と尿瓶のミスマッチが面白い話です。「水翻」とは、茶碗をすすいだ水を捨てる茶道具「建水《けんすい》」のことです。「水翻」と勘違いしたうえに、茶の湯がまだなかった弘法大師の時代のものだと言って恥を重ねているのです。

落語〈火焔太鼓《かえんだいこ》〉にも、人のいい古道具屋が「平清盛の尿瓶」を仕入れて損をしたというセリフがあります。当時の人々が、茶の湯や尿瓶が比較的新しい文化だと知っていたからこそ、弘法大師や平清盛の名を聞いて「そんなアホな」と笑えたのです。

次に、漢文笑話集の⑥『善謔随訳《ぜんぎゃくずいやく》』（一七七五年）の類話（題名は不記載）を引きます。

**主人公の「田舎翁」が都下で溲瓶を花瓶と間違って買い、花を生けて「雅器」を得たと誇る。都から来た客が「豈虎子《あにしゅびん》に非《あら》ずや」と問えば、翁は「何の名かあらん」と答える。**

主人公を田舎者とするのは①と同じで、花器に間違うのは②に通じます。客は「これが尿瓶でないことがあろうか、きっと尿瓶に違いない！」といい、翁は「そのような名のあるものではない」と答えるのですが、大仰な漢文口調の会話が滑稽味に輪をかけています。

なお、尿瓶を「虎子」と表記するのは中国語です。中国の尿瓶が虎の子の形をし、その丸く開いた口から用を足したことによります。しかし〈尿瓶の花活け〉のなかで、「口偏に虎」と書いて「しびん」と読むというのはデタラメです。「口偏に虎」と書けば「カ」や「コウ」と読み、虎の吠え声を意味します。この「虎子」から連想した誤解のようです。

最後に⑦『新製欣々雅話《しんせいきんきんばなし》』（一七九九年）に載っている「尿瓶」を。

**「俄《にわ》か分限者《ぶげんしゃ》」が古道具屋で尿瓶を花器と間違う。掘り出し物だと買い求め、花を生けて床の間に置く。「目利き」を頼んだ古道具屋は「しびん」だというが、分限者は「正のしびんならばいいのだが」と答える。**

主人公を「俄か分限者」（＝成金）とすることにより、「さもありなん」感を丸出しにしています。「しびん」だと指摘されて、②と同じく作者の名だと早合点するのですが、そのニュアンスは異なります。②では「名のあるものではございません」でしたが、⑦では「本物のしびんならいいのだが」です。贋作《がんさく》でなければいいという発想は、いかにも「俄か分限者」らしいですね。

以上の七種の種本では、主人公の素性は「田舎者」「文盲な男」「俄か茶人」「田舎翁」「俄か分限者」と多彩ですが、落語のように鳥取藩士とするものはありません。これらの軽口本の小噺を元に落語化されていく過程で、鳥取藩士がふさわしいとされたようです。なぜかはわかりません。

## 取消・解約の「ションベン」

ところで、落語〈尿瓶の花活け〉では、以下のようなオチが付きます。尿瓶だと知った武士が古道具屋へ怒鳴りこむのですが、店主にうまくはぐらかされて帰ります。その様子を見ていた店主の知人が、武士が尿瓶代の返却を求めさせないように追い返したことを褒めると、店主は「小便はできん。尿瓶は向こうにあるから」と答えるのです。

この「小便」は「ションベン」と発音します。契約解除を意味する俗語で、店主は「尿瓶は武士の手にあるのだから、売買の解約はできない」と答えたわけです。

軽口本『口合恵宝袋』（一七五五年）に所収の「女郎」という小話も、この俗語がモチーフになっています。

**さる方の抱えの女郎、器量もよく、殊《こと》の外《ほか》はやりけれど、夜の泊り客なし。如何なる事と思へば、道理こそ、小用たれなり。**

器量のいい女郎がおり人気があったのだが、泊まりの客がつかない。なぜかというと小便垂れだから、というのです。そこで、この女郎を抱えている亭主が困って医者に診てもらいます。

**抱えの亭主難儀に思ひ、ある医に療治を頼んだれば、直してやらんとて、二階へ連れ上がり、かの女郎の前にて手を三つたゝかれ、「もはや晩から夜便《よばり》の気遣いない」といはるゝ故「これは不思議な療治ぢや、これで直るとは、どういふ事でござる」と尋ねたれば、医者殿「されば代物《しろもの》(品物)見て手うつた故、小便はなるまい」。**

医者は女郎を診て、手を三つ打ち、これでもう女郎は小便をしないはずだという。つまり契約成立を意味する「手打ち」を行ったから、もうこれで「ションベン＝契約解除」はできないというわけです。牧村史陽『大阪ことば事典』も、この「ションベン（小便）」を立項し、次のように説明しています。

**取消・解約の意に用いる。「あいつ、またションベンしよった」というのは、折角商談が成立しているものを取り消されたことを意味する。このションベンのもう一つ深刻なのがババであって、「ババかけよった」というと、品物は引きとっておきながら、代金を払ってくれないということになる。**

「ションベン」の上をいくのが「ババ」というのだそうです。もし、あの鳥取藩士が尿瓶を持ち帰ったまま、店主から尿瓶代を返却してもらっていたら、それは「ババかけよった」ことになるのです。

ところが、「ションベン」は「取消・解約」の意から、やがて「何も買わない冷やかし客」の意に変化していきます。軽口本『正直咄大鑑《しょうじきばなしおおかがみ》』（一六九四年）は、この「冷やかし客」の意味の「ションベン」について、「左小弁道明卿《さしょうべんみちあききょう》」を語源だとする説を立てています。

平安貴族の藤原道明(八五六〜九二〇)が、江戸・日本橋の骨董屋で値切った挙句に買わずに帰ったため、その官職の「小弁」に「小便」をかけて、冷やかし客の意味になったというわけです。日本橋は江戸時代初期の架橋ですから、平安時代の藤原道明がその付近で買い物するというのは時代錯誤も甚だしい語源説なのですが。

また、「蛙《かわず》の面《つら》に小便」が語源だという説もあります。「蛙」と「買わず＝ひやかし」を響かせて、そこに「小便」を連想させたというのです。「小弁」説よりは素直な俗説ですね。

いずれにしても、この語意は次第に広まり、落語〈道具屋〉にも「冷やかすだけ冷やかして買わんと行く奴のこと、ションベン言いまんねん」というセリフが出てきます。しかし、「ションベン」を「冷やかし客」の意にとったのでは、〈尿瓶の花活け〉はオチません。

ちなみに、渥美清さんの、いや寅さんの「粋なねえちゃん立小便、大したもんだよ蛙《かえる》の小便」の啖呵《たんか》は、蛙の小便は「田へしたもんだ＝大したもんだ」の洒落ですから、ここでは関係ありません。
最後に、私の好きな俳人、秋元不死男《ふじお》（一九〇一〜一九七七）の尿瓶の一句を紹介して本節を終えさせてください。

**春惜しむ　白鳥《スワン》の如き　尿瓶持ち**

不死男は、戦場の光景を想望する「戦火想望俳句」を詠み、治安維持法違反で投獄された経験を持ちます。その妹が劇作家の秋元松代で、彼女の『近松心中物語』（蜷川幸雄演出）はすばらしい脚本でした。不死男は晩年に直腸癌を摘出しているのですが、右の句はその術後の作でしょうか。尿瓶を「辛味注」「花活け」「水翻」などに見立てるのも面白いけれど、ガラスの尿瓶を「スワン」に見立てる洒脱さも見習いたいものです。

『浪花百景』より「新町店つき」（大阪府立中之島図書館蔵）。新町の太夫の顔をチラ見する男。どれほどの美女なのか、顔を隠されると余計に気になる。歌川国員の作。

# 落語の花街と遊女の手紙

## 四花街の気質

江戸時代の大坂には、新町・南地《なんち》・堀江・北新地の四花街《かがい》がありました。このうちの南地はさらに宗右衛門町・九郎衛門町・櫓町《やぐらまち》・坂町《さかまち》・難波新地の南地五花街に分けられます。その後、近代には四花街のほかに松島新地（西区）、飛田《とびた》新地（西成区）なども成立します。

「花街」の読みは「かがい」が正しいのですが、いつの間にか「はなまち」と読む人が増えました。昭和四十八年（一九七三）の金田たつえの唄う『花街《はなまち》の母』がヒットした影響でしょうか。その少し前に発売された三善《みよし》英史の『円山《まるやま》・花町・母の町』では、表記も「花町」になっていました。

「花街」は「遊郭」ともいい、「芸は売っても体は売らぬ芸妓《げいぎ》」と「そうではない娼妓《しょうぎ》」が働いていました。後者については、昭和三十三年（一九五八）の売春防止法施行により廃止されました。いや、廃止されたことになっています。

花街を舞台とする落語には、当然ながら芸妓も娼妓も登場します。四花街のうち新町は大坂で唯一の幕府公認の花街として、京都の島原遊廓、江戸の吉原《よしわら》遊廓とともに「三大遊廓」と賞されにぎわいました。公認の花街にだけ、遊女（娼妓）の最高位である「太夫《たゆう》」がいましたから、上方落語〈冬の遊び〉に「梅檀太夫《せんだんだゆう》」が登場すると、それだけで新町が舞台だとわかるのです。実在の太夫としては、新町の夕霧太夫、島原の吉野太夫、吉原の高尾太夫が有名でした。

北新地には、中之島の蔵屋敷や大坂城の武士たちが通い、南地には町人のお客が多かったようです。落語〈辻占茶屋《つじうらぢゃや》〉では、鍛冶屋の源やんは「お前が遊びに行くねさかいに、どっちみち南ちゃうか?」と冷やかされますが、図星に南(難波新地)の馴染み客だったという具合です。

近代になっても、その風は受け継がれ、南地は船場の旦那衆が、北新地は官公庁のお役人たちが中心だったようです。さらに、そこで働く芸妓の気質も四花街で異なっていたといいます。上方舞(西川流)師範の西川梅十三《うめとみ》さんから、次の惹句を教えていただきました。

## 色の新町、浮気な南、野暮な堀江に、実の北

四花街の芸妓のうち、新町は色気があって、南地は浮気っぽい、堀江は野暮で、北新地は誠実だというのです。この惹句は、梅十三さんが北新地の芸妓で出てはったときに、お客さんに教えてもらったということですが、妥当な芸妓評なのか否かについては、初心《うぶ》な私にはわかりません。それでも、四代目桂米團治《よねだんじ》(一八九六～一九五一)の〈代書《だいしょ》〉で無筆の客が「松島」へ女郎買いに行き、三代目桂春團治の〈代書屋〉で「飛田」へ行くのを聞くと、この憎めない

男には、四花街より娼妓中心の松島や飛田の方がよく似合うと納得してしまいます。初心な私にだって、それくらいのことはわかるのです。

## 〈三枚起請〉―小輝の場合―

### 一、平仮名の起請文

落語〈三枚起請《きしょう》〉は難波新地の遊女・小輝《こてる》が、起請文《きしょうもん》（起請誓紙ともいう）を取り交わしていた三名の客から難詰される噺です。起請文とは、約束ごとを神仏に誓約する証文をいい、「牛玉宝印《ごおうほういん》」（後述）を料紙とするのが一般的でした。

小輝の書いた起請文は、「遊女奉公の年季が明けたら、あなたと結婚します」という結婚誓約書でした。それなのに、小輝は同文の起請文を少なくとも三人の客に手渡していたのです。そのうえ、その誓紙を石版印刷してさらにあちこちに配りたいとまで言い出すのですから、相当な阿婆擦《あばず》れ遊女です。

小輝が書いた起請文の文面を、桂米朝師匠の口演で再現すると次のようになります。平仮名ばかりで実に読みにくいのですが、あとで解説しますので。

**ひとつてんはつきしやうもんのこと、わたくしことねんあけさふらへば、あたさまとふふになりさふらうことじつしやうなり、ごじつのためよってくだんのごとし、うつぎみせこてることほんみやうたね、げたやきろくさま**

仮名ばかりのうえに、「あなたさま（貴方様）」を「あたさま」、「ふうふ（夫婦）」を「ふふ」と書くものですから、余計に読みづらく聞きづらい手紙です。しかし、この種の誤表記は、江戸時代の庶民なら思い当たることもあり、身につまされながら笑ったことでしょう。

現代の私たちには、実に難解な文面ですが、落語でも、これを読みあげたあとに「本字で書いといてもらえ、読みにくうてしゃないがな。ちょぼ一つ打ったかて『候《そうろう》』になるのやがな」のセリフが続きます。「本字」とは漢字のこと、つまり平仮名ばかりではなく、「漢字交じりで書かないと読みにくいやないか」というわけです。「ちょぼ一つ打ったかて『候』になる」は、江戸時代人なら少々の無筆でもニンマリする箇所なのです。左の図をご覧ください。崩し字では、ちょぼ（点）を打つだけで「候」になります。崩し字の候文に馴染みがなくなった現代では理解しにくいセリフですね。

そこで、さきほどの小輝の平仮名起請文を、漢字交じりに読みやすく体裁を整えると以下の

崩し字の「候」。これで「申され候」と読み、
下のちょぼが「候」。

ようになります。

**一、天罰起請文之事**
**私こと、年明け候へば、貴方様と**
**夫婦になり候こと実証也、**
**後日のため、仍って件の如し**
**宇津木店　小輝こと　本名たね**
**下駄屋喜六様**

古文書学的には、表題に「一」は付けません。本文の冒頭に「一」を付けて「一、私こと…」と書き始めるのが正しく、また年月日も書かないと発効しないのですが、それはさておき、表題の意味は、この誓約を破ると「天罰」を受けることを表明するものです。本文は「私（小輝）は遊女奉公の年季が明けたら、あなたと結婚します」ということで、「実証

也」はそれが間違いないことを証す常套句です。

続く「後日のため、仍って件の如し」は、少し説明を要します。「件」を「くだん」と読むのは「くだり」の音便によるもので、「右の記載」というような意味ですから、「後日のために、右の通りに誓約します」という感じです。

## 二、人頭牛身の「件」

ところが「件」については、江戸時代には牛の身体に人間の頭を持ち、嘘を司る神様のことだという俗信が広まっていました。この「人頭牛身」の姿は「人偏に牛」の字体から思いつかれたものでしかないのですが、天保七年(一八三六)には、丹波国倉橋山(京都府舞鶴市)で「件」が生まれたことを知らせる瓦版も発行されています。

その説明文には「至って心正直なる獣」とあります。「件」は至って正直なゆえに嘘を司る神だとする俗信も生まれます。ですから「件の如し」は「嘘を司る件に誓って嘘偽りはありません」の意味だと曲解され、江戸時代の証文には欠かせない結語になっていたのです。

近代になると、「件」を人間の身体に牛の頭を持つという「牛頭人身」説も現われます。人間と牛の合体であることに変わりはないのですが、頭と身体の位置付けが入れ替わるのです。

これは、「牛頭人身」とされる「神農《しんのう》」の影響でしょうか。いや、神農の姿は江戸時代にすで

「件」の誕生を知らせる瓦版（「件云獣」徳川政林史研究所蔵）。表題は「大豊作をしらす件と云う獣なり」。本文には「図の如く、からだは牛、面は人に似る件という獣出たり」とある。

に親しまれていましたから（大阪・道修町の少彦名神社の祭神としても有名でした）、むしろ、ギリシア神話に登場する「牛頭人身」の怪獣「ミーノータウロス」の影響なのかもしれません。

「件の如し」は、上方落語〈延陽伯《えんようはく》〉（江戸落語では〈たらちね〉）にも登場します。京都の公家に奉公した経験から丁寧すぎる言葉遣いになってしまった女が、裏長屋の男に嫁いで起こる珍騒動の物語です。

そのオチで、女が眠っている夫を起こしながら「ご飯も冷飯に相なり候へば、早く召し上がって然るべう存じ奉る、恐惶謹言《きょうこうきんげん》」と声をかけます。すると男は「おいおい、脅かしちゃいけねぇよ。飯を食うのが『恐惶謹言』なら、酒を呑むのは『よって件の如し』か」と返すのです。「恐惶謹言」は、証文類ではなく、通常の手紙に用いられる結語ですが、それを受けて、男は「よって件の如し」と洒落たわけです。言うまでもなく「仍って」と「酔って」をかけています。このあたりも、江戸時代人なら普通に笑えたオチですが、現代人には難しいかもしれませんね。

「恐惶謹言」についてもう少し。「恐惶謹言」は、かなり厚い結語で、もう少し薄くすると「恐々謹言」になります。さらに薄くしたのが現代でも使われることのある「謹言」です。『大乗院《だいじょういん》寺社雑事記《じしゃぞうじき》』には、この結語を巡る面白いエピソードが載っています。応仁三年（一四六九）、内大臣の日野勝光《かつみつ》から興福寺の僧侶・経覚《きょうがく》に届いた書状の結語は「恐々謹言」でした。これを知った興福寺の尋尊《じんそん》は、勝光が内大臣になってから「恐々謹言」と書くようになったのは（それ以前は「恐惶謹言」だったのに）けしからんというのです。経覚も尋尊も公家の最高家格である「摂関家」の出身ですが、勝光はかなり低い公家の家格「名家」でした。だから、内大臣に出世して増長しているという批判を受けたわけです。結語一つにもなかなか難しい時代だったのですね。

小輝の手紙に話を戻します。差出人に添えていた「宇津木《うつき》」は、小輝の所属する置屋の屋号です。この証文は年季が明けた後の結婚を約束するものですから、宇津木における源氏名「小輝」だけではなく、俗名の「たね」を添えているところが妙にリアルですね。よくできた落語には、このような真実味を伏流させたものが少なくないのです。

## 三、遊女の教養

ところで、小輝が仮名だけで手紙を書いたからといって、漢字が書けなかったと決めつけてはなりません。江戸時代後期の随筆『萍花漫筆《ひょうかまんぴつ》』には、遊女の仮名書きについての含蓄のある逸話が載っています。

江戸吉原の遊女・雲井は、幼いときから俳諧を談林派《だんりんは》七世の谷素外《たにそがい》（一七一七〜一八〇九）に学び、書は佐々木文山《ぶんざん》（一六五九〜一七三五）に習っていました。文山は唐様《からよう》の書体をよくした書家ですから、雲井もそれを修得していたのです。唐様は、儒学者や文人が好んだ中国風の書跡です。「売家《うりいえ》と唐様で書く三代目」の川柳が有名ですね。初代が築き上げた店を、趣味に走った三代目店主が潰してしまうことを風刺する川柳ですが、当時の唐様に対するイメージをよく表しています。

雲井は十九歳で遊女になってからも、唐様で手紙を書いていました。すると、ある客が「女の四角なる文字を書くこと、高慢に見えて心にくきものなり」と評して、その唐様の文字を「金子《きんす》百両」で質物にとり、以後は雲井に仮名文字しか書かせなかったという逸話です。もちろん〈三枚起請〉の小輝に唐様が書けたとは思えませんが、だからといって漢字がまったく書けないと決めつけないでやってほしいのは、こういう文化があったからなのです。

以上のように、遊女の教養は、難波新地の小輝から吉原の雲井まで、ピンキリでした。しかし、江戸後期の戯作者・烏亭焉馬《うていえんば》（一七四三〜一八二二）の『無事志有意《ぶじしうい》』（『宇治拾遺物語《うじしゅうい》』のもじり）には、さらにひどい「吉原の女郎」の話が載っています。

**毎日のように文（手紙）を送って来る「情のある女郎」がいた。しかし、届けられた一束の手紙を見せてもらうと、「ようようイロハを習うたような、金釘の折れたようなひどい文字だった。そこで「この文字が読めて、毎晩、女郎のもとに通っているのか」と問えば、「はて野暮なことをいう。解らぬから毎晩聞きに行くわさ」という答えだった。**

なるほど、読めない手紙でも、男を操ることはできるのですね。恋の手紙は奥深い。

さらに、小輝が「貴方様」を「あたさま」、「夫婦」を「ふふ」と書いたことについても、落語ではその無筆を笑うくすぐりになっていますが、これも小輝が無筆のためだと決めつけないでやってほしいのです。それは、江戸時代までは「耳の文化」だったのが、明治以降に「目の文化」になったことに関わります。

つまり、江戸時代はその読みを耳で聞いて通じればそれでよかったのです。現代は目で読んで正しい表記か否かを重視しますが、それは明治以降に唯一の正解以外はすべて間違いとする教育が広まってからのことなのです。江戸時代には「庄右衛門」が自身の名を「少右衛門」や「しょえもん」と書いても、なんの不自由もなかったのです。聞いて同じならそれでよかった。もちろん「あたさま」「ふふ」の表記は間違いですが、現代の目の文化で嘲笑するのと、当時の耳の文化で笑うのとでは少しニュアンスが違うのです。

耳の文化で思い出しました。福澤諭吉が適塾に学んでいたころ、手塚という塾生がいました。福澤らは、手塚をからかうために、遊女が手塚に宛てた手紙を偽作します。遊女の筆らしく見せるために、宛名には「鉄川様」、書中には「ソレあのとき役足のじゃこはどておます」と書いたのです。

「手塚→テツカ→鉄川」と連想してわざと間違えたのは、その方が本物らしく見えるからです。それでも、手塚が「私は鉄川ではない、手塚だ」と受け取りを拒否しないのが耳の文化でした。目の文化の現代なら、配達先不明で返送されるに違いない。その文面も「それ、あのとき約束の麝香《じゃこう》はどこでおます」と書くべきところを、あえて間違えていますが、これも遊女らしさを匂わせるためでした。この方が本物らしく見えるのですから、耳の文化の表記は実におおらかでした。

ちなみに、この手塚とは、漫画家の手塚治虫の曽祖父にあたる手塚良仙（良庵とも）です。治虫の漫画『陽だまりの樹』（小学館文庫）には、この偽手紙のエピソードも採り上げられています。

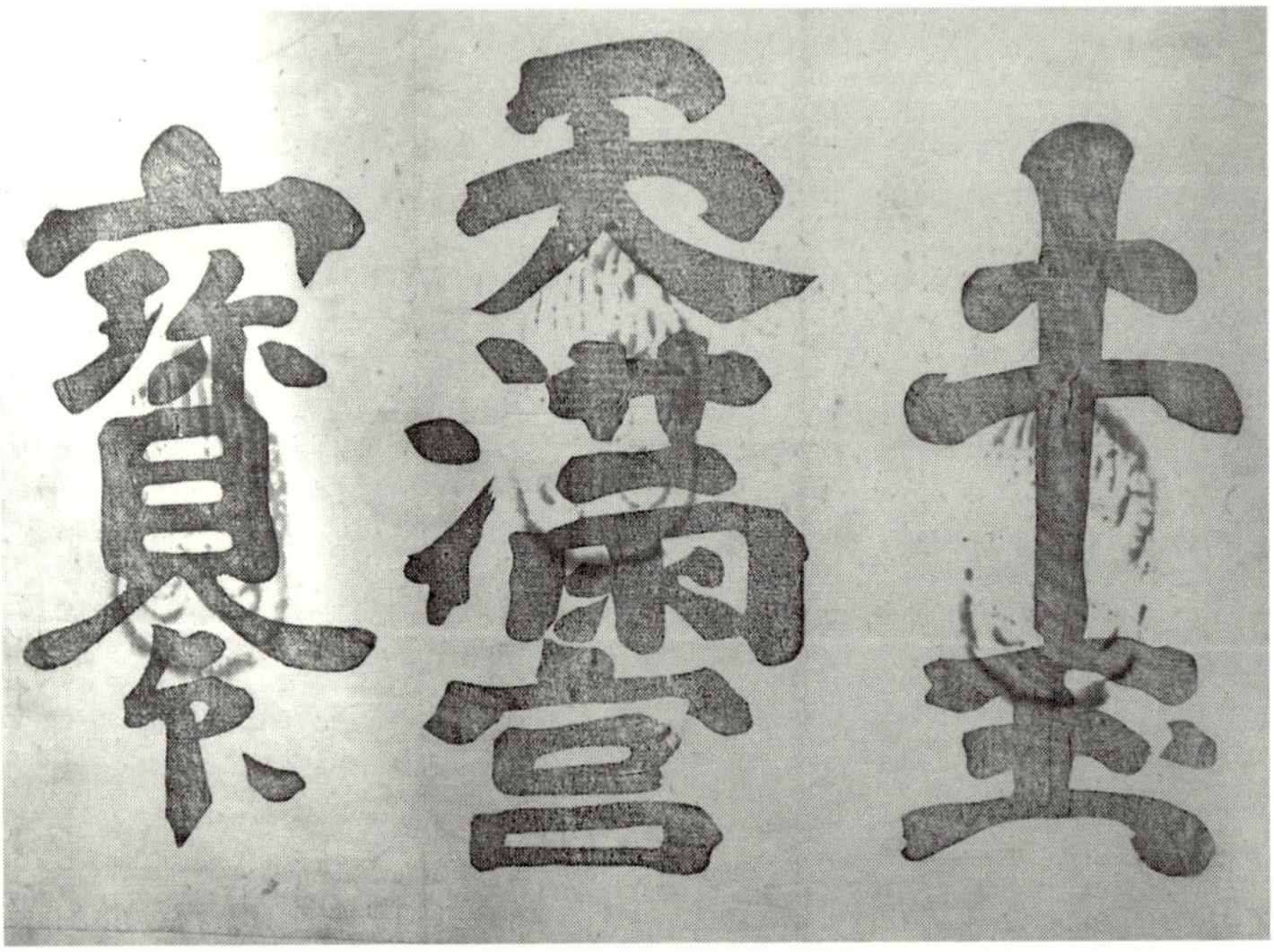


大阪天満宮の「天満宮牛玉宝印」。熊野三山の牛玉宝印とは違い、烏文字にはなっていない。この裏側に誓約文を書いた。

## 四、霊符茶屋の小輝

〈三枚起請〉の終わりの方で、小輝が（何枚も同文の）起請文を石版刷りにして客たちに配りたいと言います。すでに小輝から起請文を受け取っていた男たちは「徒《あだ》に起請を一枚書けば、熊野で烏が三羽死ぬっちゅうで」と小輝を詰《なじ》ります。誰かが偽りの起請文を一枚書くごとに、紀伊半島南端部の熊野三山で烏が三羽ずつ死ぬというのは、当時の俗信でした。ここで「熊野」と「烏」について説明しておきましょう。

一般に、起請文は各地の寺社で配布された「牛玉宝印《ごおうほういん》」（「牛王宝印」とも表記します）と呼ばれる料紙に書く習慣でした。なかでも熊野三山（熊野本宮大社・

熊野速玉大社・熊野那智大社）や各地の熊野神社が配布した「熊野牛王符」が広く用いられました。「熊野牛王符」には、カラスを何羽も組み合わせた独特の「烏文字」で「熊野山宝印」や「那智瀧宝印」などの文字が木版印刷されていました。この料紙を裏返して誓約の文章を書きますから、「宝印を翻《ひるがえ》す」といえば、誓約することを意味したのです。落語〈お文さん〉では、饅頭を食べた丁稚の定吉は、今食べた饅頭に「熊野の牛王さんを入れておいたので、嘘をつくと血を吐いて死ぬ」と脅されます。

熊野三山以外の寺社でも、それぞれに独特のデザインが印刷されていますが、右の図は大阪天満宮の護符です。この護符に関わって、東京に移されてからの江戸落語版〈三枚起請〉について見ておきます。

〈三枚起請〉は、もともとは大阪・難波新地の小輝の話でしたが、明治初年に三遊亭圓右《さんゆうていえんう》（一八六〇〜一九二四）が舞台を東京・吉原に移して、東京で広めます。現在は主人公を吉原の遊女「喜《き》瀬川《せがわ》」としていますが、圓右が東京に移してしばらくは、「吉原の小照」でした。しかも小照は大阪から吉原に来たという設定でした。古い速記録には、次のような会話が挿入されています。

**棟梁「エ、小照、本名すみ…半さん、此の女は大阪種ぢゃアありませんかえ」**
**半公「さうです」**

棟梁「何だか知らねえが、元大阪の天満の御霊へ出て居て…」
半公「さう〳〵」
棟梁「引かされた客に死に別れて二度の勤めで…」
半公「さう〳〵、ソレ…棟梁よく知ってるね」

今村信雄編『名作落語全集』第十二巻（騒人社書局・一九二九年）

もともと「天満の御霊」の遊女だった小照は、「引かされた客」つまり身請けしてくれた客と死に別れたため、東京・吉原に移って来たというのです。しかし、この「御霊」は「霊符」の誤りです。「霊符」が聞き慣れなかったためか、あるいは明治十七年（一八八四）に御霊神社（大阪市中央区）境内に「御霊文楽座」が開かれ話題になっていたためか、「霊符」を「御霊」と間違って速記したようです。そのうえ、今村信雄編『落語選集（艶笑人情篇・下）』（西澤道書舗・一九六六年）に再録される時には「天満の御霊《みたま》」と誤ったルビを打ってしまっているのです。

では「天満の霊符」とは何かというと、大阪天満宮の東隣にあった遊郭のことです。天満宮境内の北東には鎮宅霊符神を祀る「霊符社」が鎮座し、ここから「穴門（通用門）」で通じた遊郭だったために「霊符茶屋」と呼ばれました。霊符茶屋には、八軒の遊女屋があったことから、人々は「天満八軒」と総称しました。のちに天満宮の北側「天満天神裏」で営業された寄席を「天満八軒」と呼ぶのは、その借用なのです。

さて、圓右の〈三枚起請〉の小照が霊符茶屋でも働いていたとすると、そのころに書いた起請文の料紙には、先に掲げた大阪天満宮の宝印を使っていたはずなのです。ここでも、同じ文面の起請文を何枚も手渡していたか否かはわかりませんが。

## 〈たちぎれ線香〉――小糸の場合――

### 一、遊女の手紙

上方落語の〈たちぎれ線香〉（〈たちぎれ〉ともいう）は、南地の芸妓・小糸《こいと》の誠心を描く名作です。先に「色の新町、浮気な南、野暮な堀江に、実の北」（P94）という惹句を紹介しましたが、この小糸は南地の芸妓であっても「浮気」ではありません。

**小糸と相思相愛になった船場の御大家の若旦那は、番頭から百日間の蔵住まいを強いられ、小糸と逢えなくなる。事情を知らない小糸は手紙を書くが、若旦那に**

は手渡されず、当然ながら返事は来ない。そこで毎日毎日、手紙を書き続け「初めが一本、次が二本、それから四本、八本と、倍増」するが、それでも返事はなく、とうとう八十日目に手紙は途絶える（小糸の死）。

小糸が一日に何通もの手紙を書いたことに違和感をもった方は、一日に何通ものメールを異性に送った経験を思い出しましょう、小糸の気持が理解できるはずですから。ちなみに、小糸の手紙は置屋の男衆が、その都度、若旦那の家に届けたのであって、郵便屋さんが配達したのではありません、念のため。

ここで、遊女の手紙について考えます。現在、書店に行けば「手紙の書き方」のハウツー本が並んでいますが、江戸時代にも同種の本が何種類も出版されていました。なかには、遊女専門の手紙文例集が数種もありました。

そのうちの『遊女案文』は、その冒頭に「遊女の文《ふみ》は日用の勤めにして、寒の師走も、日の六月も、鉄漿《かね》つけぬ夕はあれども、文書かぬ朝はなく」と記しています。一年中、寒いときも暑いときも、「鉄漿」＝お歯黒を付けない日はあっても、手紙を書かない日はないというのです。遊女は毎朝、客への手紙を書くのも大切な仕事だったのです。

そういえば、バブル景気時のクラブの№1ホステスには筆まめが多かったと聞いたことがあります。出勤前に何十枚もの手紙を投函していたそうです、よう知らんけど。

『遊女案文』は、続いて宛先別に「始めて逢いたる客」や「馴染みに成りたる客」「二度の客」「なじみの客」「しばし来ぬ客」などに章立てし、差出人である遊女のランク「太夫」「天神」や「白人（私娼）」ごとに例文を示しています。それだけ需要があったのでしょう。

しかも、文例ごとにその心得も記しています。たとえば「公界《くがい》の身なれば、どのように愛想がつきてあっても、やはり情の残るありさまに書くべし」と言う具合です。公界（苦界＝遊郭）に居る身なのだから、どんなに愛想が尽きても、情愛が伝わるように書きなさいというのです。これでは、受け取った男はホイホイと彼女のもとに通ったことでしょう。

毎日毎日、何通もの手紙を書くのですから達筆にはなるかもしれませんが、文例集を丸写しにするだけでは、いつまで経っても達意の文章は書けないように思います。『遊女案文』にも「手書きはあれども、文《ぶん》書きはなしと世にいうがごとく、相応に文を書きこなすものは希なり」とあります。文字の巧みな人（手書き）は多いが、文章の巧みな人（文書き）は少ないと世間でいわれている通り、遊女にも文章の巧みな者は稀だ、というのです。

## 二、小糸の絶筆

しかし、遊女の最高位である「太夫」ともなれば、文字だけではなく文章もうまかったようです。

新町の夕霧太夫は、錦絵集『古今名婦伝』にも採り上げられるほどの名妓でしたが、「書に妙を得たり」といわれるほどの能書家でもありました。言いようもないほどに美しい字を書いたといい、その真筆は、大坂の新町の「吉田屋」に伝わっていました。吉田屋は西鶴や近松の作品にもみえる有名な揚屋《あげや》（客が遊女を呼んで飲み食いする店）です。その真筆の手紙は印刷販売されていて、「夕霧が文、九軒吉田屋にあり、且つ板行して好事家《こうずか》の玩《もてあそ》びとなれり」と評判をとっていましたから、かなりの名文だったのでしょう。「九軒」とは新町の異名です。しかし、真筆の現物ならまだしも、何枚も印刷された木版を好事家たちが愛好したというのですから、男って可哀そう。

一方、江戸・吉原の高尾太夫は江戸落語〈紺屋高尾《こうやたかお》〉の主人公となり、上方落語〈高尾〉では、幽霊となって現れます。実在の高尾についても、その手紙が伝わっていますが、やはりほとんどが平仮名書きです。

**うずみ火のしたにこがるおもひは、いづくのそこともわからねど、**
**たゞゆかしさと恋しさのふたつにこそ、かしこ**

漢字交じりに書き直すと「埋み火の下に焦る想いは、何処の其処ともわからねど、ただ懐しさと恋しさの二つにこそ。かしこ」となります。文末の「かしこ」は、現在でも使われる、女性用の手紙の結語です。さて、高尾の意を汲んで訳すと、次のような感じでしょうか。

**貴方様を恋焦がれている私の想いは、初めてお逢いしたあの日から、埋み火のように消えることなく、いつまでもいつもまでも燃え続けています。その想いはなにがどうだとは、うまくは説明できず、まどろっこしい限りですが、ただただ貴方様が「懐しい」「恋しい」という深い想いだけが募るのでございます。かしこ**

ちょっと想い入れが過ぎる意訳になってしまいました。〈たちぎれ線香〉に話を戻しましょう。小糸だけではなく、江戸時代の芸妓や娼妓にとって手紙は必須のツールでした。ましてや小糸のような純愛の場合、一日に何通もの手紙を書くことも仕方のないことでした。落語では、小糸からの最後の手紙、つまり八十日目のものが読み上げられます。本字（漢字）交じりに記すと以下ようになります。

**此の状をご覧に相成り候上からは、**
**即刻の御越しこれ無き節には、**

**今生にてはお目に懸かれまじく候。　かしく**

病床に臥す小糸の絶筆です。簡潔な文章ですから、私の過剰な意訳は不要ですね。文末の「かしく」は、先の「かしこ」の転じた結語です。このとき小糸は死を覚悟していたのです。若旦那がこの手紙を読むのは、その死から二十日も後、つまり若旦那の蔵住まい百日明けのことでした。落語では、この手紙を読み上げた後に、次の川柳が紹介されます。

**「釣り針の　よぉなかしくで　客を釣り」てな川柳がございますが…。**

手紙の結語「かしく」の文字が客を釣る釣り針のように見えるというのです。小糸の手紙は、

遊女の手紙の末文。一番左の下が「かしく」で、確かに釣り針のような形をしている。

左が「汁」で右が「計」を崩した「け」。
ほとんど同じに見える。

職業的な手管によるものではないのですから、ここで小糸に下心があるかのような川柳を紹介するのは可哀そうな気がしますね。

　それはさておき、「かしく」が釣り針のようだと聞いて、すぐにピンと来る現代人はほとんどいないでしょう。先に引用した『遊女案文』の「かしく」は右の図のように書いてあります。まさに釣り針のようですね。江戸時代のお客たちは、少々の無筆でもこの程度の知識はありましたから、この川柳にニンマリしたのです。しかし、最近では、落語家さんもお客も理解しづらいために、この川柳は省かれることが多くなりました。文化とは、こうして消えていくのですね。

　崩し字については、〈東の旅・発端〉にも軽いくすぐりがあります。旅の途中に一膳飯屋に入った喜六と清八がメニューを眺めながら次の会話をします。

喜六「『あかえけぇ』『とせうけぇ』『くしらけぇ』。また気になること書いたんな。何やねん、あの「けぇ、けぇ」ちゅうのは。」

清八「ありゃ『け』じゃありゃせん。『汁』という字を崩してあぁなるのじゃ」

汁の崩し字は前頁の図の通りですから「赤鱏汁《あかえい》」「泥鰌汁《どじょう》」「鯨汁」のことです。江戸時代には、喜六と同じ失敗をしたお客もいたはずですから、現代人とは異なった笑いが渦巻いたことでしょう。

さらに落語〈目薬〉は、崩し字の読み間違いがモチーフになっています。無筆の男が目薬を買ってくると、効能書きに「めしりにさす」とあった。当時は濁点を付けない習慣でしたから「めじり（目尻）」と読みます。ところが、この男は「め」を「女」と読んでしまいます（「女」を崩せば「め」になりますから、この読み間違いに無理はないのですが）。そこで、女房の尻に粉薬をもったところ、女房が放屁し、粉薬は男の目に入る。「そうか、こうして目にさすのか」というのがオチ。

このような無筆を笑う話は、裏を返せば、幕末・明治期の庶民の識字率の高さを物語っています。「かしく」の崩し字が釣り針のように見えることを知らなければ笑えないのですから。

## 「夕霧太夫」と「かしく」

最後に結語の「かしく」にちなむ話題に、少し寄り道します。

江戸中期の北新地には、源氏名を「かしく」という遊女が実在しました。結語の「かしこ」や「か

かしく寺こと法清寺の境内にある「かしく堂」（左）と、長谷川幸延の句碑（右）。

しく」は、「慎む」という意味ですが、遊女の「かしく」は、酒を飲むと慎むどころか酒乱になったといいます。寛延二年（一七四九）、深酒をたしなめた兄を刺殺した罪で死罪になりました。市中引き回しに際して、末期の望みを問われると油揚げを所望したそうです。その油で髪を整えるためです。女心ですね。

　この事件は世間の話題となったため、早速、浄瑠璃『八重霞浪花浜荻《やえかすみなにわのはまおぎ》』として舞台化されました。ちなみに、翌年の迫善浄瑠璃『かしく一周忌 手向八重桜《たむけやえざくら》』では、「かしく」を身請けした侍の名を「以上」としています。女の手紙の結語が「かしく」なら、男の結語は「以上」だというのですから、落語のようなネーミングです。

　かしくの墓は、法清寺（大阪市北区曽根崎）に現存しています。同寺は「かしく寺」とも呼ばれ、境内にある「かしく堂」は酒乱封じや断酒に霊験があると言われています。その向かいには、長谷川幸延《こうえん》（一九〇四〜

一九七七）の句碑が建ちます。

## 酒の咎 引き受け申し そろかしく

「引き受け申し候」と書いて「そうろう」と読めば字余りになるため、「そろ」と表記して「かしく」までを読み込んでいます。「かしく」はこの句の結語のようであり、作者名のようであり絶妙です。さすが幸延ですね。

この法清寺の近くには露天神社《つゆのてんじんじゃ》（お初天神）が鎮座しますが、その一筋東にそば屋「瓢《ひょう》亭《てい》」があります。同店は「夕霧太夫」にちなんだ「夕霧そば」と、「かしく」にちなんだ「かしくそば」が名物です。「夕霧そば」は柚子を練り込んだ「柚子切り」をもじったネーミング、「かしくそば」には、油揚げが入っています。

私も夫婦で曽根崎あたりを飲み歩くときは、まずは「かしく寺」へお参りし、数軒をはしごした後に「瓢亭」の「夕霧そば」と「かしくそば」で締める習慣になっています。墓参に際しての、私の願文は「本日、深酒致し候とも、決して乱れまじく候。仍って件の如し」、妻は「本日こそは、夫乱れざるよう堅く嗜め申すべく候。かしく」。

［瓢亭］の名物、柚子の皮をそば粉に混ぜて打った「夕霧そば」（手前）と、
油揚げと結び湯葉がのった粋な「かしくそば」（左奥）。

# 金・銀・銭はややこしい

## 三貨の基本

ざっくり言うと古典落語とは、江戸後期から明治期にかけての（一説には、戦前までの）新作落語をいいます。そのため、私たちには馴染みの薄い言葉が飛び交い、今は失われた習慣によって物語が展開します。それでも、うまく作られた落語は少々わからない言葉や習慣があっても十分に楽しめます。

とはいうものの、江戸時代の通貨が出てくると、それがどの程度の値なのかが気になるお客もいるようです。明治の貨幣単位は、「一円＝百銭＝千厘」ですから、まだましなのですが、江戸時代は、金・銀・銭の三貨がそれぞれに異なった単位によって併行流通しており、実にややこしいのです。

もちろん、落語家さんが上手にフォローしてくれるはずなのですが、それでも三貨についての基礎知識があった方が、もっと豊かに楽しめるのも事実です。そこで、高校の教科書のようで申し訳ないのですが、しばらく三貨の基本を説明させてください。まずは三貨の単位から。

「金」の単位は「両・分《ぶ》・朱《しゅ》」です。これが十進法ではなく四進法だから厄介なのです。一両＝四分＝十六朱となります。

「銀」の単位は「貫・匁《もんめ》・分」です。一貫＝千匁、一匁＝十分というように十進法と千進法が混じります。留意しておかねばならないのは、匁の一の位がゼロの場合は「匁」ではなく「目」になること。つまり、九匁、十目、十一匁、という具合です。文楽の床本に「三百匁などは誰ぞ落としそうなものじゃ」（『女殺油地獄《おんなごろしあぶらのじごく》』）と書いてあっても、太夫さんは「三百もんめ」ではなく、ちゃんと「三百め」と語りはります。さすがの口承芸能です。

「銭」の単位は「文《もん》」です。銭千文＝一貫文、銀でも銭でも「貫」は千の意味なのです。穴空きの銭千枚を紐で貫いたことに由来するようです。

**【金】一両＝四分＝十六朱**
**【銀】一貫＝千匁／一匁＝十分**
**【銭】一貫文＝千文**

面白いのは、銭を紐に通して綴じた「緡銭《びんせん》」は、九十六枚で百文に通用したことです。この「九六銭《くろくせん》」の慣習は、中国から伝わったようですが、実は私も実践したことがあります。近所の馴染みのうどん屋で、五円玉九十六枚の「緡銭」を出して「これで五百円です」と試してみたのですが、まるで詐欺師のように扱われました。あんな教養のない、文化を理解できない店にはもう二度と行かない。

次に、金と銀と銭の交換比率は時代によって変動します。例えば一七〇〇年頃の公定相場では、金一両＝銀六十匁《め》＝銭四千文(四貫文)でしたが、古典落語に描かれる江戸後期の一八四二年では、金一両＝銀六十匁＝銭六五〇〇文になり、銭の比率が大きく変動しました。

「江戸の金遣い、上方の銀遣い」と言われるように、江戸を中心に関東・東国では主に金と銭、上方を中心に日本海沿岸や中国・九州では銀と銭が遣われていました。そのため、江戸の「現金」を上方では「現銀《げんぎん》」と発音しましたから、いまだに高齢者には「現銀」派が少なくありません。上方落語で「現銀」と発音しているのを聞くと、いいなと思います。

金・銀の流通に地域差があったとはいえ、厳密な地域限定通貨ではなく、三貨は併行流通できましたから、時々の交換比率を踏まえて、「両・分・朱」「貫・匁・分」「貫・文」の両替換算が必要となります。そのため、両替商が発展するのです。江戸時代の大商人に両替商が多いのはそのせいなのです。

## 〈風の神送り〉の三貨

さて、やっと落語に出てくる三貨の話に入ります。

落語〈風の神送り〉は、病気や災害をもたらす悪神を追い祓う「神送り」の習慣がモチーフになっています。若いもんが「神送り」の寄付集めに町内を回るのですが、各戸の寄付金の多寡が面白いのです。

①最初に訪ねた黒田屋では「些少ながら」と「天保五枚」を寄付してくれます。

②続く隣家では、黒田屋が五枚ならと「天保三枚」を出してくれました。他家とのバランスを気にするのは今も昔も変わらないのです。

③次のタケノコ医者は「波銭三枚《なみせん》」の寄付、ヤブ医者より未熟なタケノコ医者ですから、その高は知れています。

④次は町内のお手掛けはんの家。「お手掛け」は大阪の言い方で、江戸の「お目掛け」にあたります。目をかけるか、手をかけるかの表現の違いですが、囲われの愛人であることに変わりはありません。このお手掛けはんは、元芸妓で身請けの披露に千両もかかったというほどの美人ですが「金一分」を寄付してくれました。

⑤最後にケチで有名な十一屋の寄付は「ベタ二文」だけでした。

江戸時代のお客は、①〜⑤の寄付者と寄付額を聞くたびに、その相関関係にニヤリとしたはずですが、現代では、それぞれの多寡を正確に理解できる人は少なくなりました。

その寄付金額について少し補足しておきましょう。まず①と②の「天保」とは「天保銭」「天保通宝」のこと。裏に「当百《とうびゃく》」と刻されるように額面は銭百文ですが、実際は八十文にしか通用しなかったようです。黒田屋は「天保五枚」でしたから四百文、隣家は二四〇文です。ついでながら、落語〈佐々木裁き〉には、主人公の四郎吉《しろきち》が「天保銭一枚拝借」というと、奉行が『当百』をとらせぇ」と応えるシーンがあります。これも、現代ではピンとこなくなりました。

③の「波銭」は、裏に波形文様のある四文銭をいいます。タケノコ医者の「波銭三枚」は銭十二文になり、黒田屋のたった3％にすぎません。タケノコ医者らしい低額なのです。と同時に、黒田屋の「些少ながら」は謙遜のセリフだったことがわかります。

④のお手掛けはんの「金一分」は四分の一両、換算すれば銭一六二五文になります。タケノコ医者の百倍以上、黒田屋の四倍以上です。さすが美人のお手掛けはんは、大金持ちの旦那さんからたんまりお手当をもらってはるんや。

⑤十一屋の「ベタ」は、表面の刻印文字が磨滅し、受け取りを拒否されかねない一文相当の「鐚銭《びたせん》」のことです。「ベタ二枚」しか出さなかった十一屋はケチの極みなのです。

このように、各戸の経済状況をよく表している寄付額なのですが、仮にそれがピンとこなくても大丈夫、落語家さんがちゃんとわかるように演じてくれるはずですから。

## 三貨の円換算

では次に、それぞれの金額が現代の何円にあたるかを考えましょう。とはいいながら、これが意外に厄介なのです。古文書講座などでも、よく質問されるのですが実に答えにくい。

まずは、何を基準に換算するかという問題があります。通常は、江戸時代の米一石《こく》（150kg）が金一両だったことを指標にして円換算します。しかし、現代の米価は1kg二百円くらいの激安米から、千円以上の高級米まであるようですから、激安米で換算すれば金一両は三万円となり、高級米では十五万円にもなります。あまりにも差がありすぎる。

では米に代えて、うどんの価格で計算してみましょう。落語〈時うどん〉（江戸の〈時そば〉）では、一杯が銭十六文です。うちの近所のうどん屋、そう、「縉銭」を理解できないうどん屋では、素うどん（江戸のかけうどん）が三百円ですから、十六文＝三百円で換算すると、金一両＝銭六五〇〇文＝十二万一八七五円になります。米による換算幅の内には収まっています。

少し特殊な基準として、落語〈高津《こうづ》の富〉の富くじで考えてみます。ある男が大坂で宿をとるのですが、大金持ちだと嘘をついたために、宿主から「一等千両」の富くじを買ってほしいと頼まれ、なけなしの「額《がく》」で買い取ります。「額」とは、「一分銀」のこと。長方形の周りに額のような縁取りがあることによる別称です。

昨今に販売されているジャンボ宝くじは一枚三百円のようですから、銀一分＝三百円で換算すると、一両＝十八万円になります。一方、一等賞金の千両を「年末ジャンボ宝くじ」の一等五億円に換算するとしたら、つまり千両＝五億円ですから一両＝五十万円になってしまいます。

このように、何の物価を基準に計算するかで、大きな差が生じるのです。しかも、計算基準のもととなった品物の重要度も、江戸時代と現代ではあまり違いすぎますから、普遍妥当な換算は不可能なのです。

ここで、時代小説に寄り道します。髙田郁《かおる》さんの小説『銀二貫』（幻冬舎時代小説文庫・二〇一〇年）は、大坂の寒天問屋の主人・和助が、焼失した大阪天満宮の再建のために寄進した銀二貫（＝二千目）が書名になっています。髙田さんは『みをつくし料理帖 夏天の虹』の末尾に、「銭一文＝三十円」という御自身の心積りを提示されていますから、この換算基準を先に挙げた幕末の公定相場に当てはめると、金一両＝十九万五〇〇〇円となり、富くじによる換算に近くなります。ちなみに、寄付額の銀二貫は六五〇万円にもなりますから、和助はなかなかの篤信者だったというわけです。

江戸時代の日常生活では、このような三貨に加えて、長さ・容積・重さなどの度量衡も加わりましたから、それはもう大変です。落語〈井戸の茶碗〉では、逼塞《ひっそく》した浪人から紙くずを買い取る屑屋が「七匁ちょっとございますんで（中略）、八文で買わしていただきます」といいます。この「七匁」を「銀七匁」だと聞いてしまったのではわけがわからない（「八文」は銭八文でいいのですが）。この匁は、銀の単位ではなく重さの単位です。重さの匁は一六〇匁＝一斤という、一六〇進法なので実にややこしい。長さの尺だって、六尺＝一間だし、面積の坪も三十坪＝一畝になります。すなおに十進法で計算できるのは、容積の石・斗・升・合・勺くらいでしょうか。

そのせいか、一升瓶や一合徳利などは今も使います。1・8リットル瓶や180ミリリットル徳利なんて下卑た言い方はしたくない。しかし、一升の四分の一（二合半）を指す「小半《こなから》」は消えつつあるようですね。小半酒と言えば少しばかりの酒をいい、小半機嫌といえば二合半ほどのお酒で程よく酔った様子を言います。

未だに、古い度量衡が登場する古典落語を楽しめるのは、落語家さんの話術というか表現力のおかげなのです（と言っておきましょう）。〈風の神送り〉で、お手掛けはんから寄付を受けたときの「一分もくれはった」の嬉しそうなセリフ回しで、それがかなりの高額であることがわかり、〈井戸の茶碗〉のセリフなら「七匁ちょっとの重さがございますんで」というように、さりげなく補足の一言を添えてくれるのです。

ということは、上手な落語家さんで聴くのなら、本節でお話しした三貨の基礎知識などは不必要なのです。ただ「べた」な、いや「へた」な落語家さんに出会ってしまったときは「鐚銭」の知識などは持っておいた方がいいかもしれません。

## 落語のなかの子どもたち

一九九五年三月一日付の朝日新聞「投書欄」の切り抜きが手元にあります。同年一月十七日に起こった阪神・淡路大震災に関わる投書です。そこには、避難所におけるドッジボール遊びの様子が記されていました。

**三歳くらいの幼児から高校生までが一緒になって遊んでいる。**
**小さい子にはやさしい球を投げ、逃げやすいように間合いを置いてやっている。**

投書主の五十一歳の主婦は、そのような光景を二十年近くも見ていなかったといいます。そうなのです。私も子どものころは、小学生も中高生も一緒に遊んだものです。学校から帰ると、近くの広っぱで、野球やドッジボール、鬼ごっこ、べったん(めんこ)などに遊び呆けていました。近年の子どもたちとは違って、同学年だけで遊ぶことはありませんでした。幼い弟妹を置いてけぼりにしたら、親にこっぴどく叱られましたから。

幼い子どもたちは「ごまめ」というハンディをもらって一緒に遊びました。野球なら、ごまめは三振ではなく、五振でアウトなのです。ドッジボールでも、ごまめは「命」を三つ与えられていましたから、ボールを当てられても二回までは生き返れるのです。

大阪の「ごまめ」は、神戸では「たまご」と名を変えたようですが、それでも同類のハンディを与えられていました。鬼ごっこでは、鬼にタッチされそうになると、両手で頭上に輪をつくって「たまご！」（地域によっては「ひよこ！」）と叫べば、バリアが張られるのです（そういう約束なのです）。年長の鬼は、バリアを前に退散する演技でたまごを喜ばせなければならなかった。

他にも、東京の「みそっかす」、和歌山の「きんかん」など、「ごまめ」の同類が全国に散在していたことがわかっています（拙稿「むかしはみんな『ごまめ』だった」『夙川学院短期大学幼児教育研究所報』七号・一九九六年）。

## 芝居好きの丁稚

そこで、落語に登場する子どもたちの遊びを採り上げようと思ったのですが、意外に遊びの様子は登場しません。遊郭や賭博場など大人が遊ぶネタは数多いのに、子どもたちはあまり遊んでいないのです。当時は十歳にも満たないうちから丁稚奉公《でっちぼうこう》に出たり、家業の手伝いをしたりしていたせいでしょうか。

落語〈薮入り《やぶい》〉では、奉公に出た亀ちゃんが三年後の薮入り（休暇）で初めて実家に帰らせてもらいます。里心がつかないように三年の間、親に会わせてもらえなかったのです。〈蜆《しじみ》売り〉に登場する十二〜三歳の子どもは、雪の降る朝のうちから川中のシジミを採って売り歩くのが仕事です。アカギレの小さな手には血がにじんでいました。

その一方では、奉公の合間に観劇にうつつを抜かす丁稚の姿はいろいろな落語に登場します。〈七段目《しちだんめ》〉の、丁稚の定吉《さだきち》は『忠臣蔵』七段目のお軽に扮して、平右衛門役の若旦那の相手ができるほど芝居に精通していました。〈蛸芝居《たこしばい》〉の定吉も、仏壇の掃除をしながら、位牌を手に芝居のまねごとを始め、子守を命じられると、芝居に夢中で子どもを逆さまにだっこしてしまうほどの芝居好きです。〈蔵丁稚《くらでっち》〉の定吉も、島之内へ使いに出たついでに、道頓堀で『忠臣蔵』五段目を観て帰るほど芝居に夢中です。なお、「定吉」は落語に登場する丁稚の決まり名です。喜六・清八と同じく、定番の名ですから、同一人物だというわけではありません。

そういえば、芝居好きな丁稚は文楽の世界にもいました。『曽根崎心中』では、徳兵衛が丁稚の長蔵に用事を言いつける際に「ア、コレコレ道頓堀へ寄りやんなや」と付け加えるのを忘れません。長蔵も〈蔵丁稚〉の定吉と同じ前科があったに違いない。

## 〈佐々木裁き〉と〈いかけ屋〉のごまめ

このように落語の世界には、奉公している子どもたちが多いのですが、〈佐々木裁き〉や〈いかけ屋〉には、幕末・明治期の子どもが無邪気に遊ぶ様子が描かれています。

〈佐々木裁き〉の四郎吉《しろきち》たちが遊んだのは、東横堀川に架かる末吉橋《すえよしばし》の南西あたり、住友家の銅吹所（銅の精錬所）があった「住友の浜」です。そのため、人通りの少ない地で、落語〈次の御用日〉においても寂しい地域として登場します。とぉさん（お嬢さん）と丁稚の常吉がこの辺りを歩いていると、向かいから来た天王寺屋藤吉が、怯えているとぉさんの頭上で「グワァーッ！」と大声を出して驚かすのです。このシチュエーションも、人通りが少ないことを踏まえているのです。

さて、〈佐々木裁き〉とは、次のような噺です。

**佐々木信濃守が市中見回りをしていると、住友の浜で四郎吉たちが「奉行ごっこ」をしているのを見かける。奉行役の四郎吉は、数を数える時に「一ツから九ツまでツがついているのに、十にはツがつかない」ことを問われ、「五ツ、が十の分**

**のツを取っているから」と答える。その様子を聞いていた信濃守は感心し、後日、四郎吉を奉行所に呼んで問答を重ねるが、ことごとく四郎吉の機転にやりこめられる。**

この「ツ」のエピソードは、江戸初期の小咄集『きのふはけふの物語』に原話が載っていますが、奉行所におけるいくつかの問答にもそれぞれに出典があり、まだ著作権に疎かった時代の落語の成立を考えるのに格好の秀作です。

それはさておき、このごっこ遊びにおける四郎吉の頓知《とんち》の効いた裁きぶりが面白く、またそれを見ていた本物の信濃守と四郎吉のやりとりも愉快な噺です（信濃守についてはＰ１３６で検討します）。留意したいのは、ここに集う十数名の遊び仲間にはごまめも混じっていたであろうことです。幼い弟妹にも役割を与えて一緒に「ごっこ遊び」をするのは当たり前のことでした。

なお、明治九年（一八七六）に住友の浜の銅吹所が廃止された跡は、住友本邸となり、その敷地に建てられたビリヤード場は、現在も同地に残っています。

年齢差のある遊び仲間は〈いかけ屋〉にも登場します。鋳掛屋《いかけや》とは、鍋や釜などの鋳物製品の修理・修繕を行う職人で、注文を取りながら移動して道端で作業していました。子どもたち

元住友本邸内にあるビリヤード場。住友邸敷地の東側に位置した。独立建築のビリヤード場としては日本最古のもの。

は遊び仲間で、鋳掛屋をからかいます。

> 鋳掛屋のオッサンが、溶接用のフイゴ（送風器）のために火を熾《おこ》しているところへ、近所の長屋から「きっちゃん、たけやん、うめやん、まっちゃん」たちがやってくる。彼らは入れ替わり立ち替わり、オッサンを冷やかす。「オッタン」と呼びかける小さな子もおれば、「オヤジ」と高飛車に呼びかける悪ガキもいる。「お子さんは和子《わこ》（男子）さんでやっか、姫御前（女子）でやっか？」とませた口を聞くおませな子がいるかと思えば、「とらとやな」と相づちを打つ幼子もいる。

「とらとやな」は「そらそやなぁ」の舌足らず発音です。ここでは明らかに年齢差を超えた子どもたちの集団があります。

それぞれの年齢差を踏まえて、まるで事前に役割が決められているかのように、チームプレーよろしく鋳掛屋をからかうのです。

ごまめに戻ると、少なくとも一九七〇年代ころまでは大阪にもごまめは存在していました。その後、生活環境や教育環境の変化が次第にごまめを駆逐していき、同学年だけで遊ぶことが当たり前になってしまいました。それを学校教育の弊害だというつもりはありませんが、学校生活においても学年枠をまたぐ活動を期待したいものです。

もう一度、子どもたちの遊びにごまめを復活できないものでしょうか。どんなごまめも、やがてはごまめを見守る立場になり、さらにはごまめを指名する役目を担うようになります。野球で言えば、補欠からレギュラーになり、キャプテンに指名され、コーチを経て、最後には監督にもなるようなものです。その過程で、自身に相応しい立ち位置を模索することができた、実に豊かな時空でした。

学年枠の遊び仲間だけでは、低学年時代にイジメられていた子は、高学年になっても同級生からイジメられ続ける。成長過程で様々に果たすべき役割の変化があった方がいいはずなのに。〈佐々木裁き〉や〈いかけや〉には、ごまめを包み込んだ時代が描かれています。落語の世界には、今もあの頃の子どもたちが楽しそうに遊んでいるのです。寄席に行けば、ごまめの時代にタイムスリップできるかもしれません。

下手な落語を聞いた客とかけて、「ごまめ」と解く。その心は…。
ついつい歯ぎしりするでしょう。

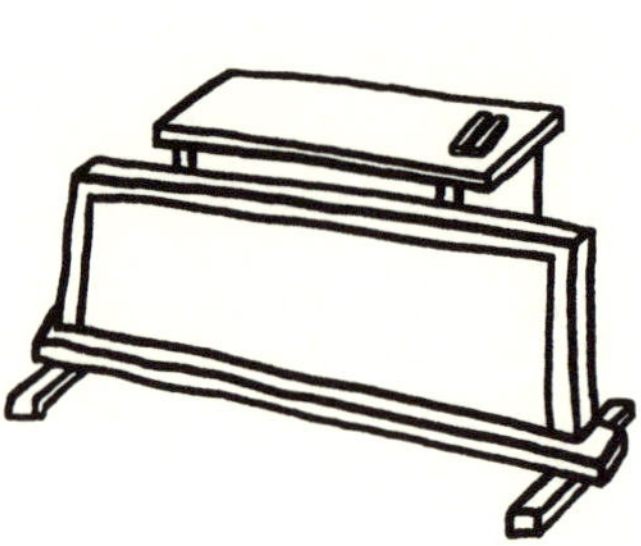

# ㊂、事実は落語より奇なり

# 落語のなかの事実を詮索

## 〈佐々木裁き〉の佐々木顕発

私は、落語はよく聞きますが、いい落語ファンではありません。なぜなら、歴史学徒の習性として、古典落語を聞きながら、気がつくと時代考証をしてしまっているからです。素直に落語を楽しめず思案顔をしているのですから、落語家さんにとってはやりにくい客だと思います。

例えば、先ほども紹介した落語〈佐々木裁き〉を聞きながら、佐々木信濃守《しなののかみ》はたしか東町奉行だったはずなのに、なぜ落語では西町奉行になるのかな……と考えてしまうのです。歴史上の佐々木信濃守顕発《あきのり》は、大坂を離任後も江戸の北町・南町奉行を歴任した、町奉行のエキスパートでした。そのため、この噺を江戸に移した〈佐々木政談〉では、主人公の四郎吉らが遊ぶ場所は大坂・住友の浜から江戸・新橋の竹川町に移すとともに、佐々木信濃守を正しく「南町奉行」としています。それなら、大坂ではなぜ東町を西町に変えたのでしょうか。

念のために言っておきますが、東西の町奉行は大坂を東西で地域割り支配していたのではなく、月番で市中全体を支配していました。もともとは両奉行所とも大坂城北西の京橋口の門外（大阪市中央区）に隣同士に立地しており、その相対的な位置関係で東西を冠しただけです。享保九年（一七二四）の大火で両奉行所が焼失すると、東町奉行所は元の京橋口に再建され、西町奉行所は内本町橋詰町（大阪市中央区）に移して再建されました。

この再建後の立地を考えると、大坂町人たちは船場に近い西町奉行所に親しみがあったと推測されますが、やはりそれだけの理由で実在の東町奉行を西町奉行に変えるとは思えず、よくわかりません。

そもそも、何らかの事情で西町奉行を登場させねばならなかったのなら、東町奉行・佐々木信濃守顕発（在任／一八五二〜一八五七）ではなく、同時代の西町奉行・川村対馬守修就《つしまのかみながたか》（在任／一八五四〜一八五五年）にすればよかったように思います。川村修就は、あの勝海舟をして「三河武士の美風を受けた正直なよい侍」（『氷川清話《ひかわせいわ》』）と評価させたほどの優れた人材でしたから、落語のなかで主人公の四郎吉の才能を見抜く奉行役には打って付けだったのに……。

こんなことを考えながら落語を聞くのですから、やはり私はよくない客です。

## 〈はてなの茶碗〉のルーツ

その意味では、〈はてなの茶碗〉は、時代考証の虫がドタバタ大騒ぎするネタです。

**清水寺・音羽の滝の茶店で、茶道具屋の金兵衛（茶金《ちやきん》）は、水漏れする茶碗に「はてな？」と首を傾げる（水漏れ箇所が不明なための「はてな？」だ）。その隣で様子を見ていた行商の油屋は、高価な珍品だと勘違いし、その茶碗を手に入れて、茶金の店に高値での買い取りを求める。その評判を聞いた関白・鷹司《たかつかさ》公が面白がって茶碗の歌を詠み、時の帝も「はてな」と箱書きする。結果、茶碗は鴻池善右衛門に千両で売られ、茶金は油屋に半分の五百両を手渡す。思わぬ大金を手に入れた油屋は、後日に再び茶金のもとを訪れ、「今度は十万八千両の金儲け」と叫びながら大きな水瓶を持ち込む。**

この〈はてなの茶碗〉の元ネタは、十辺舎一九《じつぺんしやいつく》の「宿駕籠《しゆくかご》の寝耳に水の漏る茶碗の掘り出し」（『世中貧福論』中巻所収・一八一二年）です。その後段部を落語に改作したもので、戦後に一度途絶えましたが、桂米朝師匠（一九二五～二〇一五）により復活された名作です。以下に元ネタの梗概を挙げておきます。

鎌倉の鶴ヶ岡の茶店で、小道具屋正作が水漏れのする茶碗を「ためつすがめつ」眺めていた。それを見た孫太郎は「唯の茶碗にてあるまじ」と考え、買い取ろうとするが（話の前段部にある、正作が三嶋茶碗で大儲けした話が伏線になっています）、茶店の親父に勘繰られ高額の「金二分」で買い取り、正作のもとに持参すると安物茶碗だと一笑される。しかし、事情を聞いた正作は、孫太郎を気の毒に思い「金二分」で引き取る。のち、この出来事が「高位の堂上（公家）」の耳に入り、正作は上洛して「鶴ヶ岡」の銘を賜り、さらに「時の関白殿」からも短冊を下される。結果「三十両」で購入したいという人も現われるが、正作は「この家の宝なり」と手放さなかった。

落語では京都の清水寺が舞台でしたが、元ネタは鶴岡八幡宮です。そのため、相模国（神奈川県）のできごとが京都の公家たちの耳に入り、上洛するというのは、ちょっと無理矢理感がありますね。舞台を京都に移し、「時の関白殿」を「関白・鷹司公」に明示し、「鴻池善右衛門」が「千両」で買い取るように買えたことで、落語の方がビビッドで面白くなっています。

## 帝・関白・鴻池のモデルは？

これらの登場人物について考えてみます。まず落語の油屋にモデルがいるとは思えませんが、茶金はいかがでしょうか。住まいが京・衣棚《ころものたな》というので探ってみましたが見つかりませんでした。では、茶金から茶碗の話を聞いた「関白・鷹司公」のモデルはどうか。数ある公家の中でも、摂政・関白に任官されるのは、近衛《このえ》・九条・二条・一条・鷹司の五摂家に限られています。架空の関白として登場させるのなら、五摂家筆頭で、鷹司の本家筋にもあたる近衛の方が相応しいはずなのに、なぜ分家筋の鷹司なのだろうと考えてしまいます。

思い当たることがありました。江戸時代に関白は三十八名もいるのですが、その在任年数は平均五年くらいです。しかし、江戸後期の鷹司政通《まさみち》だけは、文政六年（一八二三）三月から安政三年（一八五六）八月の三十三年余もの長期にわたって関白を務めたのです。そのため幕末期に関白といえば政通の印象が定着していたらしい。落語に登場する関白・鷹司公は、政通がモデルと考えてよさそうです。

では、政通から茶碗の評判を聞いた「時の帝」はというと、その在位期間から仁孝《にんこう》天皇（在位／一八一七〜四六）か孝明《こうめい》天皇（在位／一八四六〜一八六六）に絞られますが、おそらくは仁孝天皇でしょう。なぜなら、政通の妹二人が仁孝天皇の女御《にょうご》になっており、政通から連想しやすい天皇だったからです。

次に、茶金から評判の茶碗を千両で買い取った鴻池善右衛門《こうのいけぜんえもん》はというと、これはもう、あまりにも有名な両替商ですね。この場合は、鴻池九代目の幸実（一八〇六〜一八五一）で間違いない。幸実は、表千家の十代・十一代家元に師事し、茶人としても有名だったからです。幸実が数々の名品を収集していたことは周知でしたから、帝までが賞した茶碗を千両で買い取るくらいは朝飯前でした。

落語のオチでは、油屋が大きな水瓶を持ち込みながら「今度は十万八千両の金儲け」と叫びます。この水瓶をも茶金が買い取れば、先の茶碗と同じく、鴻池に転売される可能性が高いでしょう（落語は、そこまで匂わせていませんが）。

では、油屋のいう「十万八千両」にはどのような意味があるのでしょうか。米朝師匠の理解を、弟子の故桂枝雀さんが記録されています。


**サゲの「十万八千両」という金額には意味があるのでございます。ただただ大きい金額をええかげんに言えばいいというものではないのです。「十万八千」という数字は「百八」の千倍です。仏教の方で「百八」と申しますと「百八煩悩」て**

なこと申しまして、人間の煩悩の数を表しており、とにかく大きい数の代名詞なのだそうです。その千倍の数字を出すことで「とてつもない大もうけや」ということを表現しているのだとうちの師匠から教えてもらいました。

（桂枝雀『桂枝雀のらくご案内－枝雀と61人の仲間－』ちくま文庫・一九九六年）

この油屋は煩悩の塊のような男ですから、米朝師匠の教えには説得力があります。現代の私たちが〈はてなの茶碗〉を楽しむには、この理解で十分です。

しかし、それだけでは終わらないのが落語の面白いところです。天明三年（一七八三）七月に浅間山（長野県・群馬県）が大噴火すると、東北～関東を中心に大飢饉が起こりました。その年末、幕府は大坂の豪商十一人に御用金（臨時の賦課金）を命じています。最高額が鴻池善右衛門の千五百貫目、次いで加嶋屋又右衛門の一〇八〇貫目です（『新修 大阪市史』第四巻・一九九〇年）。「千五百」はさておき、加嶋屋の「一〇八〇」は偶然でしょうか。

ここに何らかの含意を探るのは深読みしすぎだと言われそうですが、次に示す大塩平八郎事件における「十万八千」は明らかに〈はてなの茶碗〉の伏線となっているのです。

## 大塩平八郎の十万八千両

天保八年（一八三七）二月に前年からの飢饉による世情不安を受けて大塩一党が蜂起すると、鴻池善右衛門も襲われました。同時代の世相・風俗書『浮世の有様』は、次のように伝えています。

**悪党の銘々、北浜家々を大筒打込み火を懸け、今橋筋へ出、鴻池善右衛門前に旗を立て、槍・白刃にて乱妨、大筒を放し候につき、家内の者ようよう手元の者少々持ち逃れ、蔵々なども〆切り候いとまこれなく、無慚至極と申すべく候**

鴻池家は大筒（大砲）を撃ち込まれ、金蔵も打ち破られて、無慚（無残）な被害を受けたというのです。『浮世の有様』には、この事件をモチーフにした芝居『大湊汐満干《おおみなとしおのみちひ》』も記録されています。『仮名手本忠臣蔵』で大石内蔵助《くらのすけ》が大星由良助《おおぼしゆらのすけ》となっていたように、『大湊汐満干』でも、大塩平八郎は小塩貞八、鴻池善右衛門は山中屋善右衛門の名に変えています。「大塩」と「小塩」は説明無用ですが、「貞八」は「ていはち」と読ませて「へいはちろう」に響かせ、「山中屋」は鴻池家の祖先とされる「山中鹿之助」を思い出させているのです。

『大湊汐満干』の山中屋襲撃の場面では、「山中屋善右衛門とて大金持ちの町人の宅にて（中略）手下どもは土蔵の戸前を打ち破り、金子《きんす》十万八千両奪取、貞八が前にこれを持ち運ぶ」とあります。

油屋が水瓶を持ち込みながら「今度は十万八千両の金儲け」と叫んだのは、この小塩一党の強奪額に符号させていたのです。ですから、ここで大坂町人たちは茶金を経由して鴻池が再び「十万八千両」を失う場面を思い浮かべたに違いない。もちろん私たちは、そんなことは気にせず「なんと法外な高額をふっかけるんだよ！」と笑ってもいいし、「煩悩の百八つ」に気づいたお客は、たしかに油屋は煩悩の固まりのようだとほくそ笑んでもいいのです。

## 茶金の有徳思想

ここで、「有徳思想」について説明させてください。有徳人（富裕な人）は社会に貢献して貧者に喜捨（施し）をするなどの徳を示すべきだという思想です。

室町時代には、一定以上の財産を持つ有徳人にだけ賦課される「有徳銭」（富裕税）や、債権者・金融業者などの有徳人に債権の放棄を命じる「徳政令」がありました。もともとは神仏への寄進（贈与）から発生した思想であり、「有徳銭」が民衆への間接的贈与だとすれば、「徳政令」は債務を負った民衆への直接的贈与とみることができます。

有徳人にしてみれば理不尽な話ですが、所得の「得」は人徳の「徳」と同義語であり、金持ちは道徳的にも優れていなければならないということなのです。その意味では、大塩一党の強奪行為も不埒《ふらち》な「強奪」とばかりは言えず、鴻池家に「徳」を求めた行為だと言えなくもないのです。

有徳思想を別の表現で言えば、財産がたっぷりある人は気前よくふるまいましょう、と言うことなのです。ここで、哲学者の鷲田清一《わしだきよかず》先生が話されていた「liberal（自由）」の語義を思い出しました。鷲田先生は、ゴリラ研究の山極寿一《やまぎわじゅいち》先生との対談で次のように言います。

> liberalの第一の意味が「気前のよいこと」なんです。ほとんどの辞書で、自由はliberalの下位の意味ですよ。「たっぷりある」ことも上位にきます。（中略）語源をたどればラテン語のliberoで、これは解き放つことを意味します。
> （鷲田清一・山極寿一『都市と野生の思考』２０１７年・インターナショナル新書）

つまり、まずは「libero＝解き放つ」の語があって、そこから「気前のよいこと」や「たっぷりある」意味が生まれ、そのあとに「自由」の語義が生まれたようです。このような、

Liberalの語義のスライドは、有徳思想にもリンクします。

〈はてなの茶碗〉に戻ると、鴻池に千両で売った後、茶金は儲けを独り占めにせず半分を油屋に手渡しただけではなく、手元に残った五百両についても「うむ、このごろ京にもずいぶん困ってはるお方も多いと聞いてる。で、わたしゃこの金でできるだけ施しをしてさしあげたい」（『米朝落語全集』第六巻・創元社）と話すのです。このセリフは見事に有徳思想を示しています。茶金さんはたっぷり持ってはるから、気前よくふるまわなあかんかったんですね。

茶金が鴻池に茶碗を千両で売ったあと、その儲けを一人締めにするのではなく、わざわざ油屋を探しだして五百両を手渡したのも、実に有徳人らしいふるまいだったのです。江戸時代の大坂町人たちは、この場面にも「むべなるかな」とうなずいたことでしょう。

# 武士、奉行、医師

## 大坂市中にも武士の姿が

桂米朝師匠の『米朝ばなし－上方落語地図－』は私の座右の書です。上方落語の舞台となった諸処について披露される蘊蓄は実に興味深いものです。

たとえば「日本橋《にっぽんばし》」の項では、〈宿屋仇《やどやがたき》〉〈しびん〉〈ためし斬り〉のネタを紹介しながら、「日本橋を舞台にした話には、武士がよく登場します」と、さりげなく指摘しています。なるほど〈宿屋仇〉は、日本橋の紀州屋に泊まった明石藩の武士が隣室の客に迷惑する噺です。〈しびん〉（〈尿瓶の花活け〉とも）では、日本橋近くに宿をとった鳥取藩の武士が、尿瓶を花器と間違って買い求め（P75）、〈ためし斬り〉では、日本橋南詰に野宿する乞食を試し斬る武士が登場するという具合です。

薮田貫《ゆたか》氏の『武士の町 大坂』（中公新書・二〇一〇年）によれば、大坂に居住した武士は、家族も含めて約八千人。町人の三十五万～四十万人に比べれば、わずか2％に過ぎないといいます。しかも、そのうちの40％は大坂城内に住んだといいますから、大坂市中で見かける武士の数はかなり少なかったことになります。

それでも、与力町や同心町（大阪市北区）に住まいした町奉行所の役人たちは、天満橋や天神橋を毎日往復して勤務しましたし、参勤交代の西国の大名たちは中之島の藩邸（蔵屋敷）に宿泊したのですから、薮田氏が書名にされた「武士の町」ももっともなのです。

そして、先の明石藩や鳥取藩の武士は、大坂居住や勤務の武士とは異なり、一時的な旅行や出張による大坂滞在でした。当時の日本橋は「往来つねに繁く、両辺には旅舎軒をならべ、橋下には舟かまびすし」（『摂津名所図会大成』）というように、旅宿者の多い町だったのです。大坂市中には旅の武士だけではなく、参勤交代の武士たちも留まりましたから、意外に武士の姿は珍しくなかったのかもしれません。

とはいいながら、清河八郎の紀行文『西遊草《さいゆうそう》』にも、大坂の町は「町人の地にて、武士気のもののあるまじき所なり」と見えます。さらに、文楽『新版歌祭文《しんぱんうたざいもん》』に、武士の足を踏んだ町人が、「踏んだは俺が脚、踏まれたはこなさんの脚、武士ぢや町人ぢやてゝ脚に違いはあるまいが」と居直ります。武士をも恐れぬ大坂町人らしいセリフですね。

## 落語の町奉行、小説の大坂代官

周知の通り、江戸時代の大坂市中の民政は東西の町奉行が担っていました。そのため、落語〈佐々木裁き〉や〈次の御用日〉などには、町奉行の言動がいきいきと描かれています。

一方、大坂周辺に散在する村々については、私領は諸大名や旗本が支配し、幕府の直轄地は大坂代官の管轄下におかれていました。大坂代官は、谷町代官所と鈴木町代官所を市中に構えていましたが、市中の民政を担ったわけではありません。そのせいか、落語に大坂代官は登場しないようです。

しかし、大坂代官が町人とまったく無縁だったかというとそうでもないのです。落語〈千両みかん〉にも登場する天満青物市場は、たびたび周辺農村と紛争していますが、これに大坂代官は深く関わっています。天満青物市場は大坂市中における青果物の供給を独占していたのですが、江戸中期以降には周辺農村が市中で蔬菜《そさい》（野菜）の立ち売りを始めたため、たびたび両者の間で訴訟が繰り返されています。

文化七年（一八一〇）、この訴訟を担当した鈴木町代官の篠山十兵衛景義は、周辺の蔬菜農村（主に大坂市中で販売するための野菜を栽培する農村）の活動を公認し、現在の難波や木津の発展の礎を築きました。この紛争をモチーフにしたのが、第三回「大阪ほんま本大賞」を受賞した朝井まかてさんの小説『すかたん』（二〇一四年・講談社文庫）です。

ちなみに、難波八阪《なんばやさか》神社（大阪市浪速区）の境内にある篠山神社は、篠山景義の裁許により発展した地域の住民が、景義を生き神として祀ったのが起源だと言います。そのため同社の例祭には、いまだに大阪木津市場の関係者や氏子、崇敬者が参列し、景義の偉業をたたえています。

蛇足ですが、天満青物市場の「青物」は野菜のことです。「赤物」は果物ですが、〈千両みかん〉では天満青物市場でみかんを見つけますので、青物市場とは言いながら赤物も扱っていたことがわかります。さらに蛇足ですが、大阪では「青物」は「アオモン」、「赤物」は「アカモン」と発音します。寄席の「色物」を「イロモン」というが如し。ちなみに「クロモン」といえば「魚類」のこと、ではなく「黒門市場」（大阪市中央区）のことです。お間違いなく。

## 医師・赤壁周庵の素性

黒澤明監督の映画『赤ひげ』は、山本周五郎の小説『赤ひげ診療譚』が原作でした。江戸幕府が設けた小石川養生所《こいしかわようじょうしょ》の医師・新出去定《にいできよじょう》（三船敏郎）は、貧しい病人を献身的に治療したことから、人びとから「赤ひげ先生」と親しまれていました。この映画が大ヒットしてから、良心的な名医を「赤ひげ」と呼ぶようになり、日本医師会にも「赤ひげ大賞」なる表彰制度が生まれました。「地域に密着して人々の健康を支えている医師の功績を顕賞」する賞だそうです。

それはさておき、落語に登場する医師には、上方落語と江戸落語でそれぞれに定番の名前があります。上方は「赤壁周庵《あかかべしゅうあん》」、江戸は「藪井竹庵《やぶいちくあん》」です。「赤壁周庵」といえば、笑福亭仁鶴《にかく》さんのヒット曲「男・赤壁周庵先生」（一九七一年）が懐かしいですね。

赤壁周庵は、〈ちしゃ医者〉や〈辛子医者〉〈首の仕替え〉などで藪医者として活躍（？）し、江戸の藪井竹庵は、〈紺屋高尾〉や〈阿三《おさん》の森〉〈金玉医者〉などに登場します。

両人ともに「庵」が付きますが、江戸時代に実在した医師も庵号が一般的でした。適塾の緒方洪庵をはじめ、町医者から将軍お目見得医師になった日向陶庵《ひゅうがとうあん》、奇行で有名な川村寿庵など、挙げ出せばきりがありません。本居宣長だって、その医師名は春庵でしたし、文楽『生写朝顔話《しょうつしあさがおばなし》』の怪しげな医師も立花桂庵、『新版歌祭文』の医師も玄庵、井上ひさしの小説『東慶寺花だより』の町医者も西沢佳庵です。

江戸における「薮井竹庵」の命名は、藪医者から竹藪を連想したことによります。藪医者の語源については、田舎の医師もどきを「野巫《やぶ》」といったからとか、医師の見立ての未熟さが、藪の見通しの悪さに通じるからというような俗説があります。軽口本の『軽口東方朔《かるくちとうぼうさく》』（『滑稽

『文学全集』十一）には、ある人が藪医者に「藪」の由来を尋ねたら、藪医者は「ハテ、少しの風にもさわぎまする」と答えたという語源説が載っています。風に騒ぐ藪と、風邪が流行ると騒ぎ立てる医者との連想です。

故桂枝雀師匠は〈夏の医者〉のマクラでは、「藪医者」の語源に加えて、「筍《たけのこ》医者」や「雀医者」についても説明されていました。筍医者は、これから竹に成長して藪の一部になろうという医者、「雀医者」は、藪に向かって飛んでいる医者のことです。ちなみに、軽口本『軽口太平楽《かるくちたいへいらく》』では、「下手村よく斎」という医師が登場します。腕の悪い医者ほど欲深いということのようです。

では、上方の「赤壁周庵」の由来は、というとこれがよくわかりません。大阪市北部に住む私は、赤壁といえば「アカカベ薬局」が思い浮かびます。大阪市の北東部から京阪沿線に沿うように守口・寝屋川・枚方へ展開しているドラッグ・ストアのチェーン店です。株式会社アカカベに社名の由来を問い合わせたところ、「昔、医師は家の壁を白く、薬師は赤く塗った」からという返事をいただきました。それなら「白壁周庵」でなくてはならないように思いますが…。どなたか、周庵先生の御子孫をご存じないですか？

# 大河ドラマと大河創作落語

## この落語はフィクションです

落語についてのコラムを書いていると、落語の研究や評論が専門のように勘違いされることがあります。私は一介の歴史学徒でしかないのですが、先日も繁昌亭で顔なじみになったお客さんから「講談・浪曲と落語の違いは？」と問われました。素直に「さぁー」と曖昧に流せばいいのに、研究者の性《さが》で、「落語はセリフ読み、講談は卜書《とがき》読み、浪曲は一人ミュージカルでしょうか」とお茶を濁しておきました。しかし、本音はそれとは別に、すごく気になっている違いがあります。事実との距離感の違いです。

講談や浪曲は、歴史上の人物の物語を本当っぽく演じるのに対し、落語の場合、実在の人物のネタは意外に少なく、たとえ登場しても嘘っぽさを隠しません。なかには〈徂徠豆腐《そらいどうふ》〉のように、荻生徂徠《おぎゅうそらい》の若き日の逸話を踏まえた噺もありますが、このような歴史上の実名と逸話をベースにしたネタは決して多くはありません。

講談・浪曲が、某テレビ局の「歴史大河ドラマ」だとしたら、落語は「水戸黄門」のような感じと言えばわかりやすいでしょうか。どちらも作り話でしかないのに、前者は本当っぽく、後者は嘘っぽさを隠さない演出がされているということです。

基本的にテレビドラマは見ないのですが、たまたま大河ドラマ『毛利元就』（一九九七年）の一場面に目が留まったことがあります。元就の兄・毛利興元《おきもと》の正室が「お雪様」と呼ばれていたのが気になったのです。その名に引っかかるものがあったので、裏付けの史料を探したのですが見つかりません。某局の友人に問い合わせたら、「お雪様」役の女優（一路真輝）が、元宝塚歌劇「雪組」に所属していたからだと教えてくれました。なんてこった。宝塚歌劇には、ほかに花組・月組・星組・宙《そら》組があるそうですから、正室の名は、お月様やお星様になった可能性もあったのです。

歴史大河ドラマも、そのエンドロールに「このドラマはフィクションです。実在の人物や団体などとは関係ありません」のテロップを流してほしいものです。

## 大河創作落語

さて、ここからが本題。先に落語は「嘘っぽさを隠さない」と書きましたが、創作落語のなかには「本当っぽく」作られた噺もあります。桂三枝（現六代文枝）作の〈ゴルフ夜明け前〉は、そのマクラで「大河創作落語」と自称されているように、たしかにそれまでの落語とは趣が異なります。

坂本龍馬・中岡慎太郎と近藤勇《いさみ》・沖田総司《そうし》といった歴史上の人物がゴルフを楽しむのですが、もちろんフィクションです。しかし、長崎の料亭「花月《かげつ》」や鳥羽伏見の戦いをちりばめることで事実感を醸し出しているのです。

同様の作品に〈天神祭〉（冨田龍一作）があります。この作品は、二〇〇八年の第一回「上方落語台本募集」で大賞に選ばれたものです。同コンテストは上方落語協会の主催で、プロ・アマを問わずに応募でき、入選すると繁昌亭で落語家さんによって口演されます。この〈天神祭〉は、表彰式後に桂三枝（当時）師匠が披露しています（同コンテストは二〇一五年の第八回で終了しましたが、二〇一七年に「上方落語台本大賞」として復活）。

ときは元禄十四年（一七〇一）六月二十五日、天神祭の本宮、松の廊下の刃傷《にんじょう》から三ヶ月余のこと。江戸から吉良上野介《きらこうずけのすけ》が家臣の清水一学《いちがく》を伴って、赤穂からは大石内蔵助《くらのすけ》が藤江熊陽《ゆうよう》を同道して、天神祭を見物に来たという設定です。偶然に出会った二人は、互いに素性を明かさないままに意気投合して船渡御《ふなとぎょ》を見物。翌年十二月十四日の吉良邸討ち入りで、大石は吉良に再会することになります。

吉良に随行した清水一学については、劇作で二刀流の使い手として有名ですが、大石に従った藤江熊陽については説明が必要でしょう。熊陽は赤穂生まれの漢学者で、内蔵助の子・主税《ちから》の友人でした。赤穂藩の取り潰し後は、隣の龍野藩の藩儒になっています。その著書『答客問《たつかくぶん》』には、熊陽が同年の天神祭を見物した際に、偶然に内蔵助の妻・りくと、息子の主税に出会い、堂島川に同舟して船渡御を見物したことが記されています。

落語〈天神祭〉は、この記録を下敷きにした創作なのですが、吉良・清水・大石の三名はもちろん天神祭見物に来たことはありません。しかし、一般には無名の熊陽を登場させることで事実らしく見えてしまいます。私などは、大石に同行するのは熊陽ではなく知名度の高い主税がいいように思うのですが、それではベタ過ぎて嘘っぽく聞こえるのかもしれません。

実は、このネタが繁昌亭で初めて披露される少し前、三枝師匠から電話をいただき、大石と吉良が大阪天満宮の近くで会食した店について尋ねられました。門前に実在した店を教えてほしいということでした。

いいですか、二人が天神祭に出会ったのは100％フィクションです。それなのに、三枝師匠はその店にリアリティを求められた。いくつかの店を提示すると、そのなかから鰻屋の「淡伊《あわい》」を採用され、初演の際には、二人が鰻の裁き方について、関東の背開きと関西の腹開きについて意見を交わすシーンを加味されていました。みごとな虚構です。たとえ全体のプロットはフィクションであっても、個々のファクターを事実に求めることで「大河創作落語」は趣を増すようです。なお、この〈天神祭〉は、のちに笑福亭たまさんによって〈仮名手本天神祭〉に改作され、バージョンアップされています。

講談では講談師が実録物を読むときに、「実が六分で嘘が四分だから実録」というのは定番の前ふりです。「実六＝実録」の洒落でしかないのですが、現実には歴史上の実名が登場する講談・浪曲であっても、そこに含まれる「実」は一分もなく、その意味では大河ドラマも五十歩百歩でしかありません。

では、講談・浪曲と落語における、事実との距離感の違いは何によって生じるのでしょうか。一概には言えませんが、どうやら年月日の扱いが大きく影響するような気がします。〈ゴルフ夜明け前〉が、その冒頭で「この話は、一八六七年、慶応三年、明治になる一年前ですが」と年代を明示するのは落語らしくなく、だからこそ「大河創作落語」なのです。

落語〈明烏《あけがらす》〉では、花街「新町」の大門で「(大坂夏の陣の)元和《げんな》元年五月から」足止めされているという冗句に対して、「難波戦記《なんばせんき》みたいに言ぅてんねゃあれへんがな」と応える会話があります。いうまでもなく『難波戦記』は大坂の陣の講談本ですから、このやりとりは、講談と違って落語には正確な年月日が必要ないことを逆説的に説いているようです。

## 怪力無双の大男・武蔵坊弁慶

### 義経・秀吉・内蔵助

「困ったら　義経・秀吉・内蔵助」という川柳があります。某局が歴史大河ドラマの企画に窮したときには、この三人のうちの誰かを主人公にすれば視聴率が稼げるという風刺です。たしかに、半世紀を超える大河ドラマの歴史のなかで、彼らは繰り返し登場しています。国民的な人気者といっていいのでしょう。しかし、落語における彼らの活躍ぶりを見ると、それぞれに特徴的ではあるものの、それほど主要な役柄ではないようです。

まず、豊臣秀吉は〈太閤の猿〉や〈太閤と曽呂利《そろり》〉などに登場します。〈太閤の猿〉は、秀吉が「猿面冠者《さるめんかじゃ》」と呼ばれたエピソードをモチーフにしており、秀吉が自身にそっくりな猿を利用して、加藤清正・福島正則・片桐且元《かつもと》・伊達政宗らをからかう噺です。

〈太閤と曽呂利〉では、秀吉が「奥山に 紅葉踏み分け 鳴く鹿の 声聞くときぞ 秋は悲しき」の本歌取りをするつもりで「鳴く鹿」を「鳴く蛍」と詠んでしまいます。蛍は鳴かないのですから、明らかな過ちです。しかし、曽呂利新左衛門《しんざえもん》のアドバイスで秀吉はうまく切り抜けます。新左衛門は秀吉の御伽衆《おとぎしゅう》と伝えられ、先の〈太閤の猿〉にも登場しています。このように見ると、落語の世界の秀吉は無邪気無学なトリックスターでしかないようです。

一方、大石内蔵助は歴史上の人物としてではなく、『仮名手本忠臣蔵』の大星由良之助として登場します。落語〈芝居風呂〉〈質屋芝居〉〈淀五郎〉〈蔵丁稚〉〈七段目〉などに頻繁に登場します。それにしても落語は忠臣蔵が大好きなようです。他にも〈田舎芝居〉〈軒付け〉〈五段目〉〈中村仲蔵〉〈片袖〉〈蛸《たこ》芝居〉〈九段目〉〈天野屋利兵衛《あまのやりへえ》〉など、忠臣蔵ネタの落語を挙げ出せばキリがありません。そのため、落語の世界の内蔵助は芝居の世界の由良之助でしかないのです。

これに対して、源義経は、実在の人物というよりは、その名前だけが象徴的に記号のように語られる傾向があります。落語〈青菜《あおな》〉を見てみましょう。ご隠居が出入りの植木屋を酒の相手に誘うところから始まります。

植木屋をもてなそうと、隠居は奥方に青菜を出すように指示する。しかし、青菜がないのに気づいた奥方は「鞍馬から牛若丸が出でまして、名も九郎判官《くろうほうがん》」と隠居に応える。「菜も食ろう（名も九郎）」たので、青菜は出せないという隠し言葉。これに対して隠居は「では義経、義経」と返す。言うまでもなく「良しつね（義経）」をかけている。そのやりとりに感じ入った植木屋は、帰宅後に妻のお咲きに言い

**含め、友人の大工を招いて、さきほどの隠居夫妻の会話を真似ようとする。しかし、お咲きは「鞍馬から牛若丸が出でまして、名も九郎判官義経」と言ってしまう。「義経」まで先に言われてしまった植木屋は困り、しかたなく「弁慶」と応える。**

ここでは、義経は歴史上の人物というよりは、単なる「良し」の語呂合わせの対象でしかありません。歴史上の有名人だからといって、落語でも大活躍するかといえばそうでもないのです。また、落語〈こぶ弁慶〉のオチは「この手討ちは、義経にせねばなるまい」というもの。〈青菜〉と同様に、義経の「義」と「良し」の洒落です。やはり、義経は落語では語呂合わせの配役しかもらえないようです。

しかも、義経の従者だった武蔵坊弁慶の方が、主君よりも出演回数は多いのです。以下、落語の武蔵坊弁慶と、歴史上の弁慶の距離感について見ていきます。

## 〈廻り猫〉の牛若丸と弁慶

辞書で「弁慶」を引けば「①武蔵坊弁慶」の語釈とともに「②強い者のたとえ」とあります。

「怪力無双の大男」としての弁慶の認知度は高かったのです。「内弁慶」や「外弁慶」も、強い弁慶像を踏まえてこその謂《い》いです。

そこで、落語〈廻《まわ》り猫〉には、弁慶は義経（牛若丸）とともに、強い存在として登場します。

去る船場の大家で、貰い猫に強そうな名前を付けようということになった。まず「弁慶」が候補に挙がるが、「五条の橋で弁慶に勝った牛若丸の方が強い」と異論が出る。すると「牛若丸に剣術を教えた僧正坊《そうじょうぼう》の方が強い」「僧正坊は杉の木がなかったら生きられないから杉の方が強い」「どんな大きな杉の木でも強風でボキッと折られるから風の方が強い」「どんな強風でも土壁には遮られる」「どんな土壁でも鼠には食い破られる」「鼠より猫の方が強い」と、結局は貰い猫の名は「ネコ」になるというのがオチ。

後段の「杉↓風↓土壁↓鼠↓猫」はさておいて、前段の「弁慶↓牛若丸↓僧正坊」を見ても、義経（牛若丸）は弁慶のバーター出演のようなものです。興味深いのは、牛若丸から僧正坊への連想です。今では僧正坊と聞いてもピンとこない方も多いでしょう。鞍馬山の僧正ヶ谷《そうじょうがたに》で牛若丸に剣術を教えたと伝えられる天狗で、江戸時代にはかなり知られた人物、いや天狗でした。

そうそう、落語〈天狗裁き〉にも僧正坊は登場しています。

現代人にとって「牛若丸→僧正坊」の連想は難しいとはいっても、私（准高齢者）の世代では「牛若丸→僧正坊」とくれば、さらに「鞍馬天狗→嵐勘十郎→角兵衛獅子《かくべえじし》→松島トモ子」へと連想は止まらず、さらには美空ひばりの「角兵衛獅子の唄」まで口ずさんでしまうのですが……。

## 〈こぶ弁慶〉の弁慶

大津絵は、東海道と大津街道の分岐点にあたる追分あたりの土産物として知られた。これは「長刀弁慶」。（圓満院門跡 大津絵美術館蔵）

〈こぶ弁慶〉では、ある男の肩にできた瘤《こぶ》に弁慶の顔が現れます。男は大津の宿で壁土を食べたのですが、その土には弁慶を描いた大津絵《おおつえ》が塗り込められていたため、その肩に瘤の弁慶ができて話し出すという奇妙奇天烈な噺です。

大津絵とは、江戸時代に東海道・大津宿で旅人に売られた民衆絵画のことで、弁慶を描いたものには「釣鐘弁慶」と「弁慶の立ち往生」（「長刀弁慶」「弁慶の七つ道具」ともいう）の二種の画題がありましたが、この壁土に塗り込められたのがどちらかはわかりません。

大名行列に出くわした瘤の弁慶は、以下のように自らの素性を名乗ります。小難しい名乗りですが、引用部を読み飛ばしていただいても構いません（ぜんぶ嘘なんですから）。

我を誰とかなす、天津児屋根命《あまのこやねのみこと》、中の関白・道隆公の後胤《こういん》にして、母は二位大納言の娘、熊野参籠《さんろう》の折から別当弁真《べんしん》と心を通わし、遂に夫婦の契りを為せしが、十八か月経って男子出生《なんししゅつしょう》、幼名を鬼若丸と名づく。それより書写山《しょしゃざん》に登り、観《かん》慶阿闍梨《けいあじゃり》の弟子となる。誕生水、別当の屋敷に古跡を残し、京都比叡山にて、武蔵といえる荒法師のあとを継ぎ、父弁真の弁の字と、観慶阿闍梨の慶の字と、これを合わせて、武蔵坊弁慶と名づく。五条の天神に宿願の仔細あって、丑《うし》の刻《とき》参りの折から、五条の橋にて牛若丸に出会い、名乗れば源家の御曹司。これより弁慶二十余年の栄華の夢、あとなく晴れて京都を払い、屋島壇ノ浦の戦いに、頼朝義経不和となり、奥秀衡《おくひでひら》を頼んで下向なる。我は衣川にて立ち往生…。

（『米朝落語全集』第三巻・二〇一四年）

弁慶は自身で、天津児屋根尊を祖とする藤原道隆の子孫だと言うのです。道隆は、隆盛を極めた父・兼家と弟・道長に挟まれて影が薄かったために「中の関白・道隆公」と呼ばれました。落語は、ときどきこのようなリアリティをはめ込むから曲者なのです。「中の関白」に引きずられて、この名乗り全体が真実であるかのように思わされてしまうのです。

弁慶は熊野別当の弁真と二位大納言の娘の子として生まれ、書写山（兵庫県姫路市）で育ち、のち比叡山の観慶の弟子となり、父・弁真と師・観慶の名を合わせ弁慶と称したと言います。その後、五条大橋で牛若丸に出会い、壇ノ浦に戦い、奥州の藤原秀衡のもとに行き、衣川で立ち往生したというのです。自身の最期まで名乗っているのは、いかにも幽霊らしい名乗りです。

江戸時代の大坂町人なら、この名乗りを聞きながら「うん、知ってる、知ってる」と嬉しそうにうなずいたに違いない。それにしても、この名乗りのすべてが根も葉もないフィクションなのですから驚かされます。衣川における「弁慶の立ち往生」については、次のような弁慶の小咄《こばなし》があります。

**天下の野暮天《やぼてん》の代表のようにされている、弁慶、一ツ名誉恢復《かいふく》の為に、吉原へ行って遊んできやしょうと大門を入り、奥州屋の衣という評判の花魁を買いやした。いよいよと言うときになって、さて弁慶のあれが、さっぱりと立ちません。弁慶**

**つくづく独り言にて申すには、「これは駄目の筈だ、女郎の名が衣川だから立ち往生したのじゃ」。**

あまり出来がいいとは言いにくい小咄ですが「弁慶の立ち往生」伝説が広く浸透していたことの証左にはなります。次項では、弁慶伝説の信憑性を考えましょう。

## 弁慶の一級史料

〈こぶ弁慶〉の弁慶の名乗りは、すべて後世の創作でした。実は、弁慶についての信頼できる史料は、鎌倉幕府の史書『吾妻鏡《あずまかがみ》』に載っている次の二箇所だけなのです。

**史料①**

文治元年（一一八五）十一月三日、頼朝の譴責《けんせき》を受けた義経が、叔父の行家らとともに西国（九州）に逃れようとしたとき、従者は約二百名だったという記事。その主な従者として、平時実・藤原良成・源有綱・堀景光・佐藤忠信・伊勢能盛・片岡弘経、そして弁慶法師の名がみえます。

二百名の従者のうちの主だった八名のうちに弁慶は挙げられてはいるものの、順列は八番目、義経の一番の家来とも言い難いのです。

**史料②**

その三日後に、大物《だいもつ》（兵庫県尼崎市）から乗船する記事。同年十一月六日、西下途中の義経一行が大物浜から乗船するのですが、疾風によって難破します。このとき義経に付き随っていたのは、源有綱・堀景光と武蔵房弁慶・妾女（字・静）の四名だけです。

ここでも弁慶は筆頭の従者ではありません。いうまでもなく能や歌舞伎の『船弁慶』は、この大物の浦が舞台です。

それにしても、詳しい経歴や豊富な逸話が伝えられている弁慶にして、その実在を示す史料はこの二点だけということに驚かされます。この史料から明らかになるのは、弁慶が義経の従者であったこと、法師＝僧侶であったことくらいです。

これ以外の弁慶のイメージはすべて作り話といっていいのです。先の〈こぶ弁慶〉の名乗りもすべて後世に創作された物語を踏まえています。怪力無双だとか、背丈が大きかったというイメージもすべて作り話です。有名な五条大橋における牛若丸との出会いも、奥州・衣川での「弁慶の立往生」も後世のフィクションでしかありません。
鎌倉時代の軍記物語『平家物語』でさえも、弁慶を義経の郎党として描くだけで、まだ五条大橋の出会いなどは記していません。弁慶にまつわる情報の多くは、室町時代の成立とされる物語『義経記《ぎけいき》』や『弁慶物語』の成立以降のものなのです。

## 〈船弁慶〉の弁慶

史料②の大物浦のエピソードをモチーフにしたのが、能や歌舞伎の『船弁慶』です。そこには義経と弁慶が登場しますが、それをヒントに作られた落語の〈船弁慶〉では、弁慶だけが登場します。そのあらすじは次の通りです。

**喜六・清八は女房のお松に内緒で難波橋上流での船遊びに興じる。その後、お松も友だちと夕涼みに出掛け、偶然に難波橋上から船上に遊ぶ夫を見つける。怒ったお松は小舟で漕ぎ寄せて夫をなじるが、喜六は清八の手前もあり、お松を川へ突き落とす。しかし、幸いにもそこは浅瀬で、立ち上がれば膝下くらい。**

この大川の「浅瀬」については、P61で考証しましたから繰り返しません。落語は、この浅瀬のシーンの後は、能『船弁慶』のパロディとなります。

浅瀬に立ち上がったお松が、壇ノ浦の戦いで入水した平知盛の霊を演じ、喜六は弁慶に扮して祈祷で知盛の怨霊を鎮めようとするのです。この俄「船弁慶」を見物する野次馬たちが橋の上から「弁慶！」と掛け声を飛ばしますが、喜六は「何？　弁慶や？　今日は三円の割り前だ！」と言い返すのがオチです。喜六の言う「弁慶」とは、いつも御馳走になっている御供《おとも》（従者）を意味する俗語です。しかし、この日の喜六は割り前（＝割り勘）で支払って乗船しているのですから、オチのような返答になるのです。

それにしても、長屋住まいの喜六やお松たちが、能の詞章までもそらんじていることに驚きます。能・狂言や浄瑠璃・歌舞伎にも親しんでいた大坂町人が登場する古典落語を聞いていると、教養のなんたるやを考えてしまいます。

## 実像と伝説と落語

冒頭に挙げた「義経・秀吉・内蔵助」に共通するのは、ハッピーエンドの人生ではなかったことでしょうか。義経は兄・頼朝の追討をうけて奥州・衣川で討死。秀吉は朝鮮出兵で晩節を汚し、「返す返す秀頼のこと頼み申し候」と遺言した十七年後には豊臣家は滅亡。内蔵助は主君の仇打ちを果たしたが切腹。

功成り名遂げたはずの源頼朝よりも義経が、徳川家康より秀吉が人気者なのはなぜなのでしょう。晩年の悲劇性に人気のバロメータがあるのなら、集団私的制裁で斬首された吉良上野助にも、もう少し人気があってもよさそうなのに。

ただ、落語の場合は登場人物の生涯は明確である必要はないようです。むしろ、実像が不明な方が落語の世界にアレンジしやすいのかもしれません。秀吉の場合、実像がかなり明らかになっているにもかかわらず、時代劇や落語に登場する姿は巷間に流布した「太閤伝説」に基づいています。義経についても、頼朝の挙兵に呼応して以降の実像はある程度見えるにもかかわらず、その名は記号のように登場しています。内蔵助に至っては、そのすべてが『仮名手本忠臣蔵』におんぶにだっこ状態と言えるのです。

だからこそ、落語の世界では、まったく実像が見えない弁慶の方が、義経・秀吉・内蔵助などよりは活躍しやすいのだ、としておきましょう。

# 醜きむくろの石川五右衛門

## アチチッチ、五右衛門

落語のなかに歴史上の人物名が出てくるとビビッと反応してしまいます。もちろん、落語に史料的な裏付けを求めるほど野暮ではないのですが、それでも無意識に時代考証してしまうのは職業病としか言いようがないですね。

前節でも、武蔵坊弁慶について「義経の従者であった僧侶」ということ以外は、すべて後世の創作でしかないと指摘しましたが、弁慶同様に決定的な史料不足にもかかわらず、人口に膾《かい》炙《しゃ》したのが石川五右衛門です。弁慶と五右衛門は、根も葉もないエピソードの豊かさでは双璧をなしています。

しかし、現在では五右衛門の知名度は高くはないようです。ためしに学生に問いかけてみたら「五エ門の先祖でしょう?」という意外な答えが返ってきたので首を傾げたことがあります。アニメ『ルパン三世』に、石川五右衛門十三代の末裔という「五エ門」が登場するのだそうです。別の学生は、パスタ店の名だと教えてくれました。[洋麺屋五右衛門]というチェーン店があるのだそうです。「なるほど、大釜でパスタを茹でるから、釜ゆでの連想か」と聞いたら、その学生は石川五右衛門の「釜ゆで」を知らなかった。

しかし、そのチグハグな会話を聞いていた別の学生が、「あぁ、京の河原で釜ゆで」とつぶやいたので嬉しくなったのですが、急に「アチチッチ　アチチッチ……」と歌い出したので驚きました。聞けばピンク・レディーのヒット曲『渚のシンドバッド』のパロディだと言います。大瀧詠一さんが改詞したもので、『河原の石川五右衛門』という歌でした。面白いので、興味のある人は歌詞を調べてみてください

## 〈骨釣り〉と処刑史料

このように石川五右衛門は、現代ではその名だけが独り歩きしている感があります。しかし、落語の世界では、まだまだ古典的な大盗賊の石川五右衛門像が生きているようです。

五右衛門が登場する十指に余る落語のうち、〈骨釣《こつつ》り〉では、虚実とりまぜた五右衛門像が語られます。喜六が大川（旧淀川）の中州で見つけた骸骨を供養して帰ると、五右衛門の幽霊が訪れ（五右衛門の骸骨だったのです）、「開門、開門」と叫びながら家に入ってきます。

**ガラガラガラと、戸を開けて入ってきましたのは、大百《だいびゃく》という鬘《かずら》がありますな。大百日鬘《おおひゃくにちかずら》、ばさーっと髪の毛が前へ生えたある…。どてらみたいな分の厚い着物に、金襴《きんらん》の縫い取りがしてある。下には鎖帷子《くさりかたびら》、横綱が締めるような綱の帯をこう締めて、大段平《だいだんびら》（大太刀の意）を横たえて、のっしのっしとそれへ入ってきた。**

**（『米朝落語全集』第三巻）**

江戸時代の大坂町人なら、ここで全員が南禅寺山門に立つ五右衛門を思い浮かべるに違いありません。歌舞伎『楼門五三桐《さんもんごさんのきり》』の「南禅寺山門の場」はあまりにも有名なシーンでしたから、ほぼ全員が五右衛門の姿を共有できたはずです。

なお「山門」の表記は、禅宗では「三解脱門《さんげだつもん》」の略称である「三門」が正式です。南禅寺の三門は、文安四年（一四四七）に焼失後、五右衛門の処刑から三十年ほど経った寛永五年（一六二八）に再建されています。しかし、五右衛門の時代に山門はなかったはずだと芝居に異議を唱えるようなクレーマーは、江戸時代にはいなかった。

歌舞伎の五右衛門は、山門で煙管《きせる》をふかしながら「絶景かな、絶景かな」の名セリフをまわしますが、落語では五右衛門は、次のセリフを独白します。

**思い起こせば、おおそれよ。我京都の三条河原にて処刑され、首足所《しゅそくところ》を変えたり。**

**五体はばらばらに切りほどかれ、流れ流れて大川の、中州に醜きむくろを晒す。やんぬるかなと嘆く折から、あらありがたの今日のご回向。せめて御礼に参上なし、閨中《けいちゅう》のお伽《とぎ》なとつかまつらん。**

**（『米朝落語全集』第三巻）**

この「首足所を変えたり」は、正しくは「首足処を異にす」で、斬首刑や腰斬刑のことです。五右衛門の五体はバラバラにされ大川の中州に流れ着き、その醜い骸を晒して「やんぬるかな」（どうしようもない）と嘆くのです。その髑髏《しゃれこうべ》を拾って回向してくれた喜六への御礼に、五右衛門は「閨中のお伽」を務めたい、つまり寝所に侍りたいと訪れたわけです。喜六がその名を訊ねると、幽霊は石川五右衛門だと答え、喜六は「ああ、それで釜割りに来たんかい」と応えるのがオチです。五右衛門の「男色」はいうまでもなく伝説でしかありません。「釜ゆで」から「オカマ」への連想なのでしょう。

この五右衛門の処刑については、戦国・江戸初期に長崎に滞在したスペインの貿易商アビラ・ヒロン（生年不詳〜一六一九）の見聞録『日本王国記』に記録されています。

**都に一団の盗賊が集まり、これが目にあまる害を与えた。（中略）その中の幾人かは捕えられ、拷問にかけられて、これらが十五人の頭目だということを白状し**

たが、頭目一人ごとに三十人から四十人の一団を率いているので、彼らはいわば一つの陣営だった。十五人の頭目は生きたまま、油で煮られ、彼らの妻子、父母、兄弟、身内は五等身まで磔に処せられ、盗賊らにも、子供も大人も一族全部もろとも同じ刑に処せられた。

（『大航海時代叢書 日本王国記』岩波書店・一九七九年）

この人数表記が正しければ、優に千人を超える大処刑だったことになりますから、そのままには信じられません。しかし、イエズス会士ペドロ・モレホン（一五六三～一六三九）は、同書の誤りについて随時それを正す注記を施しており、右の引用箇所も、次のように正しています。

これは九四年（文禄三年）の夏である。油で煮られたのは、ほかでもなく、Ixicava goyemonとその家族九人か十人であった。彼らは兵士のようななりをしていて十人か二十人の者が磔《はりつけ》になった。

処刑人数の下方修正もさることながら、ここに「Ixicava goyemon」の名が明記されているのは貴重です。これが唯一の石川五右衛門の実在を証明する史料なのですから。これ以外は、すべて後世の創作なのです。

**〈強情灸〉と〈眼鏡屋盗人〉の釜茹で**

五右衛門の釜ゆでについては、落語〈強情灸《ごうじょうきゅう》〉でも熱い灸を我慢するシーンで語られています。

**むかし石川五右衛門という盗賊は、京都の三条の河原で釜茹での刑に遇うたちゅうねん。釜茹での刑、熱いねんぞ。こぉ釜に油を張って、その中へタプンと入れられて、下からボワァ火焚き付けられんねん。**

これは桂塩鯛さんの語りですが、「タプン」や「ボワァ」の擬音が実に落語らしくていいですね。

桂米朝師匠の〈眼鏡屋盗人〉では、この釜茹でについて次の蘊蓄が披露されています。

**釜ゆでにされて死んだんですな。「五右衛門は生煮えのとき一首詠み」てな川柳**

**があるが、あれはどうも記録によると、三条河原が正しいらしいんですわ。四条やとか七条やとか、いろんな説がありますがね。**

**（『米朝落語全集』第七巻・二〇一四年）**

処刑場について「記録によると、三条河原が正しい」とは、落語研究家でもあった米朝師匠らしい物言いです。たしかに当該期の公家である山科言経《ときつね》（一五四三〜一六一一）の日記『言経卿記《ときつねきょうき》』の文禄四年（一五九四）八月二十四日条には、次のように記録されています。

**盗人スリ、十人・子一人等、釜にて煮らる。同類十九人八付《はつけ》（＝磔《はりつけ》）にこれを懸け、三条橋南の川原にて成敗なり**

この史料によって五右衛門の処刑場が三条河原であったことが証されるものの、それ以外のことはまったくわかっていません。有名な辞世の句「石川や 浜の真砂は 尽くるとも 世に盗人の 種は尽くまじ」も後世の偽作です。

米朝師匠が引かれた「生煮えのとき」の川柳は『誹風柳多留《はいふうやなぎだる》』に載っていますが、ほかにも「白波の 居風呂桶《すえふろおけ》に 名を残し」という句もあります。「白波」は「盗賊」の意味で（歌舞伎『白波五人男』も同じ伝）、居風呂桶は、下部に竈《かまど》を据え付けた桶のことで、「五右衛門風呂」にその名を残しているというのです。今でも田舎に行けば、桶ではなく全体が鉄釜の「五右衛門風呂」が残っていますが、その方が五右衛門の釜茹でを連想しやすい気がします。

## 〈焼き塩〉と十二月十二日

落語〈焼き塩〉では、五右衛門の命日にちなむ面白い習慣が紹介されています。地域によっては、現在でも残っているようですが。

**ほなら、このごろな、あの十二月十二日と書いて、表貼っといたら盗人が入らへん、石川五右衛門が釜ゆでにされた日やさかい、あれ書いといたら泥棒が逃げて帰るいう呪いがあんのや。そやさかい、ちょっと十二月十二日と書いて門口貼って。**

（『米朝落語全集』第七巻）

五右衛門の釜茹では、先に見た通り、八月二十四日であって、十二月十二日ではありません。

しかし、私も子どものころに、短冊状の紙に「十二月十二日」と書いて、玄関内側の上部の壁に天地逆に貼った記憶があります。我が家の年中行事でした。泥棒が屋根伝いに侵入するために、玄関上方から逆さまに覗き込んだとき、そこに盗賊の大先輩の誕生日が書いてあると気がひるみ、被害にあわないのだと聞かされていました。この誕生日説にも根拠がないのですが、それほどに大盗賊・石川五右衛門は超有名人だったということです。

# 嘘つきは落語家の始まり

## 誰から見た嘘？

落語の世界には、物語をもっともらしく構成するための大きな嘘から、くすぐりのための小さな嘘まで、数えきれない嘘がちりばめられています。嘘とはいえ、多くの落語ファンにとって、落語の嘘は笑いを引き起こす装置でしかなく、それを楽しむために寄席に足を運ぶのですから、「落語は嘘ばかりだ！」と怒り出すお客はいないはずです。

以下で落語をめぐる嘘について考えますが、落語の登場人物の間で交わされる嘘ではなく、落語を書いた作者と、演じる落語家、その口演を楽しむお客の関係性のなかに嘘を考えます。以下、嘘に対する作者と落語家とお客のスタンスによって、次の3パターンに類型化して考えます。

①作者が落語のなかに仕掛けておいた嘘を、落語家も嘘と認識して演じ、客も嘘だとわかって楽しむ。

②作者が作った嘘を、落語家も客の一部も嘘だと気づかずに楽しむ。

③（本節はこれが主眼なのですが）作者も落語家も客も、誰もが嘘だと気づかずに楽しむ。

このうちの①は、客席の全員が嘘とわかっているのですから、うまくいけば場内が爆笑の渦に包まれます。②では、客席のあちこちに笑いが起きても、そこには温度差があり大爆笑にはなりにくい。問題は③です。だれも嘘だと気づいていない（思っていない）のですから、場内に大爆笑が巻き起こっても、それは嘘に起因する笑いではないのです。

以下では、この①〜③の嘘が登場する落語を紹介していきます。

## 〈星野屋〉の明らかな嘘

〈星野屋〉は、全編通じて嘘のオンパレード、嘘尽くしの落語なのですが、客席の全員がそれを嘘と承知のうえで、そこに飛び交う言葉の応酬を楽しむのです。そのあらすじは以下の通りです。

星野屋の旦那は、お花を囲っていたことが女房にばれたので、五十両の手切れ金で別れることにした。お花が「別れるなら自死する」というので（これは嘘）、旦那は「では心中しよう」と応え（これも嘘）、二人は身投げの名所・吾妻橋へ行く。先に旦那が飛び込むが（旦那は泳ぎが得意で死ぬ気はないから嘘）、お花はそのまま帰宅してしまう。そこに、かつて旦那にお花を紹介した重吉が現れ、「夢枕の旦那が『お花を殺す』と言った」と告げる（もちろん嘘）。怖がったお花が吾妻橋の顚末を話すと、重吉は旦那の供養のために剃髪するしかないと勧める（旦那は生きているから結果的に嘘）。お花が髪を切ると（かもじ＝付け毛を切っただけだから、剃髪したというのは嘘）、そこに旦那が現れてお花に「縁切り」を告げるが（これは本音）、お花は「かもじを切っただけ」だと明かす。そこで旦那に頼まれた重吉は「旦那が手渡した五十両は偽金だった」と告げ（これも嘘）、お花から五十両を取り返した後に、実は「本物だった」と覆す。お花は悔しがるが、その母親が「三枚くすねといて良かった」というのがオチ（全額返さなかったから嘘）。

見事に嘘・嘘・嘘・嘘の応酬です。これに比べたら、私たちが日常についている嘘などはたかが知れたもの、もう少しついてもいいかなと思えてきます。それはともかく、落語には、このように嘘であることをお客に明かしている類型①が多いようです。〈星野屋〉ほどの嘘の大量生産は珍しいですが、このように誰もが嘘とわかって聴ける落語の方が、客席に安心の笑いが生み出されるようです。

## 〈百年目〉の疑わしい嘘

次に、客の反応が二分される類型②の落語〈百年目〉について見ます。上方落語きっての大作なので梗概は省略し、親旦那が番頭に対して説く「旦那」の語釈だけを紹介します。

天竺（インド）の赤栴檀《しゃくせんだん》の木の根元には、難莚草《なんえんそう》という雑草が生える。難莚草は生えては枯れ、枯れては生えて、赤栴檀の肥やしになる。一方、赤栴檀から下りる露は難莚草の肥やしになる。つまり、赤栴檀が栄えると難莚草も栄え、難莚草が栄えて枯れると赤栴檀はますます栄える。この赤栴檀の「だん」と、難莚草の「なん」をとって「だんな」という言葉ができた。

思わず納得しそうになりますが、この語釈は嘘なのです。非常によくできた嘘なので、寄席ではこのくだりになると必ず何割かの客がウンウンと感心気に頷いています。この嘘は、「栴檀」の語源であるサンスクリット語の「チャンダナ」（candana＝栴檀那）から「ダンナ」を連想して思いついたのでしょう。

旦那の正しい語源は、サンスクリット語のダーナ（dāna＝旦那・檀那）で、仏教用語の「布施」や「施し恵む」という意味です。そこから「生活の面倒をみてくれる人」を指すようにもなります。奉公人が雇用主を「旦那」と呼ぶのも、妻が夫を「旦那」と呼ぶのも同じことです。後者の呼称については、抵抗を感じる方が多いのはそのせいです。

この親旦那の語釈を聴きながら、「へえー、旦那って、そういう意味やったんや」と素直に感心する客もおれば、「なるほど、落語ってうまい嘘理屈をひねり出すもんやな」という客もいて、客席の反応は二分されます。

さらに、この語釈を踏まえた親旦那の印象も分かれます。「さすが親旦さんや、ええこと言いはる」という感心と、私のようにひねくれて「赤栴檀＝主家が栄え続けるために、難莚草＝奉公人は次々に滅んでいくというのは、あまりにも封建的すぎる」という反発と、です。

面白いのは、ひねくれものの私でさえ、桂米朝さんの〈百年目〉を聴いたときは、「さすが親旦さんやな」と感心したのに、別のある落語家さんで聴いたときには、「あまりにも封建的すぎる」と反発を覚えたのです。米朝さんの場合は、この親旦那はそんな身勝手な人じゃないと思えるから不思議、芸の力とはそういうものなのでしょう。では、誰の〈百年目〉を聴いたときに反発を感じたのかって？　えーっと、それはね…そんなこと言えますかいな。

## 〈狸賽〉の嘘でない嘘

最後に、作者も落語家さんも客の誰もが嘘だと気づかずに騙される類型③として〈狸賽《たぬさい》〉を採りあげます。繁昌亭でもよくかけられ、一般にもよく知られたネタですが、まずはあらすじから。

**ある夜、博打《ばくち》打ちの男のもとに、昼間に助けた子狸が恩返しをしようと訪ねてくる。男は、狸をサイコロに化けさせて「ちょぼいち」博打に出かける。子狸は男に指示される通りの数字を出し、男は勝ち続ける。賭場の一同は不審に思い、男に「数字を口にするな」と釘を刺す。「5」と指示したい男は「5」と言えない。しかたなく「真ん中に一つポ～ンとあって、ぐるりにポンポンポンポンと、梅鉢の紋**

A：梅鉢紋

B：加賀梅鉢

C：五つ紋

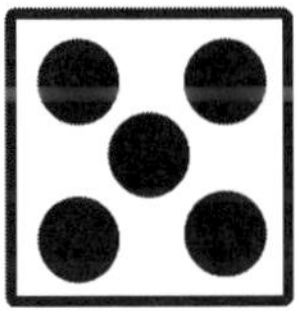
D：さいころの5

みたいな、そう天神さんの紋、天神さんや」と指示したのだが、子狸には通じなかった。「ツボを開けると、狸が冠かぶって笏《しゃく》もって天神さんの恰好で立っていました」というのがオチ。

「笏」を持つのですから、狸は平安貴族の正装である束帯姿の天神さんに化けたのですね。束帯を簡易化した衣冠姿では笏を持ちません。衣冠と束帯は別物なのに、ときおり「衣冠束帯」と表現されますがこれはおかしい。「スーツブレザー姿」というようなものです。

それはさておき、男は「梅鉢の紋＝天神さんの紋」に例えることで「5」を指示したつもりなのですが、さて、ここに隠されている嘘にお気づきでしょうか。各地の天満宮は梅鉢紋を神紋にしていますから、「梅鉢の紋→天神の紋」の連想に嘘はありません。しかし、そこから「5」

をイメージすることは正しいのでしょうか？　梅鉢紋の基本形はAですが、梅の五弁の中心に雌蕊《めしべ》を配していますから、賽の目としては「6」になります。

落語家さんによっては、この男の指示を「加賀様の紋だ、梅鉢だ、梅鉢は天神様」ということもありますが、加賀・前田家の家紋はBの「加賀梅鉢」ですから、Aに雄蕊《おしべ》が加わって、より「5」から遠ざかってしまいます。では、雌蕊も雄蕊も除けばCのように「5」にはなりますが、これは「五つ星」といって、正確には「梅鉢紋」ではないのです。それに、賽の目とは並び方が違います。念のために賽の「5」を見るとDの通りです。

男の指示を受けた子狸は、早とちりして「天神様」に化けてしまい、私たちは子狸の浅はかさを笑うのです。しかし、もしかしたら小狸の「早とちり」ではなく、「梅鉢の紋≠5」に気づいたからこそ賽の5を避けて、「天神様」に化けたのだと考えられないでしょうか。

この噺の原話である『軽口太平楽』のなかの小咄「たぬきの同類」を確認すると、狸が賽に化けて男の指示通りの目を出すというモチーフは〈狸賽〉に踏襲されていますが、男と狸の関係も、オチも次のように異なっています。

**狸が住み着いた貸家に男が越してくる。狸はさまざまに化けて脅かすが男は驚かない。反対に、男の頼みを聞いて賽に化けることになり、賭場では男の指示通り**

**に目を出す。男が「5」を出させるために「梅の花」と指示すると、狸は「鶯一羽」に化けていた。**

なるほど、原話では「梅鉢→天神」ではなく「梅の花→鶯」の連想だったのです。そのオチでは、「ツボを開けると、狸が鶯の姿で囀《さえず》っておりました」となります。いかがですか、もぉ一つ面白くないでしょう。

冒頭の三類型に話を戻します。これは落語における嘘の三類型なのですが、私たちの日常にもこの三類型の嘘が漂っていることに気づきます。いつも思うのですが、落語は人生の縮図のようです。落語のお笑いに深さを感じるのはそのせいもあるのでしょうか。

大切なのは、落語における嘘は、人生のそれとは違って、騙されるがままに流される方が面白いということです。〈狸賽〉を聴くときも、先のように梅鉢のデザインに拘泥するのではなく、ゆったりと騙された方がいい。それでこそ子狸も化けた甲斐があるというものです。

最後に、谷川俊太郎さんの詩『ほんととうそ』を紹介しておきましょう。谷川さんは、うそとほんとはよく似ているから双生児だ、うそとほんとはよく混じるから化合物だ、と詠んだあと次のように言います。

うその中にうそを探すな
ほんとの中にうそを探せ
ほんとの中にほんとを探すな
うその中にほんとを探せ

そうなんです。落語の世界も、嘘っぽい噺が案外、本当のことを踏まえていて、本当ぽい噺が、実は真っ赤な嘘だということが少なくないのです。

うか。

## 騙し、騙され、大笑い

### 嘘と騙し

「嘘」の延長線上に「騙し」があります。「嘘」と「騙し」の区分については、次のような感じでしょうか。

**嘘＝（相手を騙そうとする意志の有無を問わず）真実でないことを真実であるかのように見せること。**
**騙し＝虚偽のことをあたかも真実であるかのように相手に（第三者に）思い込ませること。多くの場合、その騙しによって相手の利益を損なわせようとする意志を伴う。**

ですから、嘘は必ずしも悪いことだとは言い切れず、「嘘も方便」というように、必要な嘘もあるほどです。アウグスティヌスは有名な「嘘」の定義で「騙そうとする意志をもって偽りを告げること」と言っていますが、私は「騙そうとする意志」がなくても「嘘は嘘」と考えています。先述の〈百年目〉の親旦那さんによる「旦那」の語釈などが好例です。

一方、「騙し」は基本的に悪いことです。〈三枚起請〉の小輝は、何人もの客に対して、年季明けには結婚すると約束していたのですから悪質です（P95）。しかし、落語に出てくる「騙し」は「遊び心による騙し」が多いようです。〈時うどん〉における騙しは余りにも有名ですが、念のため次に確認しておきます。

**うどんの代価十六文を支払おうとする男が、一文銭を数えながら「一つ、二つ、三つ…八つ」のあとに「いま何どきだい？」と聞く。うどん屋は、思わず「へい、九つでおます」の答え、男はそれを受けて「十、十一、十二…」と数え続ける。**

こうして一文不足の支払いで済まそうとするのですが、これは明らかに「遊び心の騙し」です。同様に次節で紹介する〈壺算〉も「遊び心」で壺の値段を割り引かせようとします。問題は、たとえ「遊び心」であったとしても、一定の条件を満たせば、彼らも『刑法』二四六条により「詐欺罪」として罰せられるのです。いや、これは「嘘」です。でも「騙し」ではありません。念のため。

## 〈壺算〉の遊びの騙し

落語には、前節に見たような「嘘」とは別に、数々の「騙し」もあります。なかでも、お客さんも一緒になって「騙し」を楽しむのが〈壺算《つぼざん》〉です。

水瓶を買いに行った男が軽妙な話術で瀬戸物屋をうまく丸め込んで半額で買い取ろうとするのですが、まずはあらすじから。

ドジな吉公が、買い物上手な兄貴分とともに、二荷入りの水瓶を求めて瀬戸物屋へ行く。兄貴分は店頭で三円五十銭の一荷入りの水瓶を三円の値引きで買い取る。一度帰りかけた二人は瀬戸物屋に引き返し「本当は二荷入りの水瓶がほしかった」ことを伝え、二荷入りの値を聞くと、瀬戸物屋は「一荷入りの倍の七円」だと答えながらも、先に三円に値引きしているので、しかたなく「倍の六円」で売ることになる。そこで兄貴分は「この一荷入りの瓶を三円で引き取ってもらって、そこに支払済みの三円を足せば計六円になるから」と主張して、二荷入りを持ち帰ろうとする。店主は「何かおかしい」と二人を呼び止めるが、兄貴分が先ほどの言い分を繰り返すと反論ができない。

よくできた「騙し」ですね。「騙す兄貴分」と「騙される瀬戸物屋」の会話、その会話の真実を「見極められない吉公」の三つ巴が面白い噺です。三者三様の対応が面白いのですが、寄席に行けば、吉公のような一知半解《いっちはんかい》のお客もいますから、それも面白い。落語はライブに限ります。

## 〈はてなの茶碗〉の騙さなくても

〈はてなの茶碗〉の登場人物や金額については、その歴史上のモデルを検証しました（P138）。本節では「騙し」に絞ってあらすじを見ておきます。

清水寺の茶店で、茶道具屋の金兵衛（茶金）が、水漏れのする茶碗を眺めながら「はてな?」と首を傾げる。それを見ていた油屋は、茶金の動作から、高価な珍品に間違いないと思い込む（茶金に騙す意図はなく、油屋が勝手に騙されただけ）。茶金が帰った後、油屋はこの茶碗を茶店の店主から安く求めようとし（店主も茶金の動きに気づいていたのでタダ同然とはならず）、結局は二両で買い求める。油屋は、茶碗を茶金の店に持ち込み、高値の買い取りを迫るが（油屋は珍品だと

**信じているから、騙してはない)、茶金は二束三文の安物茶碗だという。しかし、自身の名を信じた油屋に免じて、茶碗を三両で買い取る。**

このあと、茶金から話を聴いた関白や帝が興味を持ち、結果的には、鴻池が茶金から千両で買い取ります。一介の油屋から帝まで、当時の社会階層を縦に貫いた物語の展開はうまいですね。面白いのは、騙しがテーマのように見えながら、結果的には誰も騙されていないこと。茶金は騙そうと思って水漏れのする茶碗を眺めたのではなく(油屋は店主を騙して安く買い取ろうとしましたが)、油屋も茶金を騙して、二束三文の安物を高く売りつけようとしたわけでもなく、鴻池も安物茶碗と知ったうえで、その話題性に千両を出したのですから騙されてはいない。

## 〈猫の皿〉の騙したつもりが

〈はてなの茶碗〉が、二束三文の安物茶碗だったのに対し、〈猫の皿〉は、三百両はするという絵高麗の梅鉢文の皿が登場します。絵高麗《えこうらい》とは、白色釉《はくしょくゆう》のうえから鉄釉《てつゆう》で絵付けした焼き物のことです。梅鉢文とは、北斗七星の信仰に基づく「七曜文《しちようもん》」のことで、丸一つの周りに六つの丸を配した文様です（P185で紹介した梅鉢紋とは別物です）。江戸時代の茶人の間で垂涎《すいぜん》の的でしたから、落語ファンの大坂町人たちも、その高価さは想像できたのでしょう。それはさておき、そのあらすじから。

**西国街道の芥川宿《あくたがわしゅく》（大阪府高槻市）近くの茶店が舞台。果師《はたし》（骨董品の仲買商）が通りがかり、茶店の猫の食器が「絵高麗《えこうらい》梅鉢皿」であることに気づく。そこで、猫好きを装い、茶店の店主から猫を三両で買い取り、その皿も一緒に持ち去ろうとした。しかし、店主は「その皿は三百両もする高価なものだから」と別の安物茶碗を指し出す。果師が「それなら、なぜ猫の皿にしているのか」と聞くと、店主は「こうしておくと、ときどき猫が三両で売れるから」と答える。**

これもよくできた落語です。オチに至るまでは、お客も果師と同様に騙されているかもしれませんね。その場合は、果師に騙されそうな店主を「可哀そうに」と思いながら落語を楽しんでいるのでしょう。ところが、最後の店主のセリフでどんでん返しなのですから、果師と一緒に騙されていた自身に気づくと言うわけです。よくできた落語です。

その点、〈壺算〉の場合は、初めから騙しのテクニックをお客さんに明らかにしていますから、終始、優越感の笑いがこぼれます。そして、まったく事情が理解できない吉公の存在は、より一層、お客さんの優越感を助長するようです。

このように、落語は一筋縄にはいかない、実に豊かな騙しを提供してくれているのです。

## フロイト的落語

過日の都議会選挙における石原伸晃氏の失言が話題になっていました。安倍晋三首相を街頭演説に迎える際に、「拍手をもってお迎えください」というべきところを、「拍手を持ってオマヌケください」と言ったのです。YouTubeで聞いてみてください。間違いなく「オマヌケ」と聞えますから。これが、単なる「発音ミス」だったら話題にもならないのですが、実は「フロイト的失言」ではないかと勘繰った人たちによって拡散されたようです。

一般的に私たちの言い間違いは、①音《おん》の類似や、②語意の連想による単純ミスが多いようです。しかし、精神分析の創始者であるジークムント・フロイトは、言い間違いには隠れた心的要因の影響があると説きます。そこには、無意識の願望・推測などが内在していると考えるのです。これを③フロイト的失言と言います。

### 音の類似・語意の連想

①「音の類似」とは、「小鼓」を「小包」と言ってしまうような類です。②「語意の連想」は、「コンセントを抜く」が好例でしょう。コンセントはプラグを差しこむ器具ですから、正しくは「プラグを抜く」です。どうしてもコンセントを抜きたければ、壁ごと引っ剥がしてくださいな。

先にも挙げた〈野崎詣り〉の会話は、この①と②にあたります（P34）。念のために再録します。

**喜六「江戸はドサクサ」**
**清八「違う違う、ドサクサやない」**
**喜六「江戸は深草」**
**清八「違う、江戸は浅草や」**
**喜六「深草やったら、ショウショウの違いや」**

「浅草」と言うべきところを「ドサクサ」と言い間違うのは①ですが、「深草」への間違いは②なのです。未だ草深い土地柄を「深草」といい、その対語として、町化されつつある地を「浅草」といったことの連想だからです。もっとも、現在ではシンメトリカルな対称地名であることに気づかず、単なる①の言い間違いでしかないと受け止める方が多くなってきたようですが。

## フロイト的失言

③「フロイト的失言」については、ドイツ文学者の高橋義孝先生が、次のような体験談を披露されています（『現代不作法読本』角川文庫・一九七〇年）。

**ある時、私を訪ねてきた人が、一寸銀座辺まで飲みに行こうと私を誘うのですが、私は都合がわるいことがあるので、同意しかねていた。そうしたらその人が私に「おかね――いや、おかげんでもわるいんですか」と言いちがえをした。恐らくその人は、「あなたはお金の心配をしているのかもしれないが、お金は私が払うから心配はいのですよ」ということを頭の中で考えていたにちがいないのです。**

高橋先生は、フロイトの著作を多数翻訳されていますから、この「おかね」と「おかげん」の言い間違いは、①「音の類似」によるのではなく、③フロイト的失言だと考えられたのです。この伝でいけば、冒頭に紹介した石原伸晃氏の言い間違いも、恐らく…いや、まぁそれはいいか。

落語におけるフロイト的失言としては、〈子ほめ〉の冒頭シーンが思い出されます。松ちゃんが、隠居宅を訪れ、芳っさんから「只の酒」があると聞いて来たという。正しくは「灘の酒」なのですが、「只の酒」だと聞き間違えた。日頃から「只の酒」を飲みたいという願望を持っている私の、いや松ちゃんのフロイト的失言というか、フロイト的誤聞なのです。

誤聞と言えば、第四回大阪ほんま本大賞に輝いた増山実『勇者たちへの伝言―いつの日か来た道―』（ハルキ文庫）は、実話に基づく次のシーンが執筆の動機になったそうです。梅田から阪急神戸線に乗り、うたた寝していた工藤正秋の耳に車内アナウンスが聞こえるシーンは次のようなものです。

**「次は……いつの日か来た道。いつの日か来た道」**

**いつの日か来た道？**

**もちろんそんな駅はない。空耳だった。**

**アナウンスは「西宮北口」と告げているのだった。**

「ニシノミヤキタグチ」と「イツノヒカキタミチ」、この空耳のせいで、主人公の正秋は西宮北口の「いつの日か来た道」を歩くことになるのだが、これもフロイト的空耳というべきか。

## 〈太田道灌〉のクスグリ

①音の類似、②語意の連想、③フロイト的失言・誤聞は、落語のギャグやクスグリに必須のメソッドです。落語の場合、どちらかといえば、失言よりは誤聞のほうが多いようです。聞き手が落語の登場人物と親和性を持つには、その方がいいのでしょう。

例えば、〈太田道灌《どうかん》〉は、誤聞のオンパレードです。その冒頭は「こんにちは」「おぉ、しばらく顔見なんだなぁ、まぁ上がり」という定番の会話で始まります。しかし、これを聞き間違えて「おおきに、ごっつあん（ご馳走さん）です」と返す。「まぁ上がり」が「飯《まま》上がり」に聞こえたのですね。

このあとも、道楽を聞かれた男が「書画で楽しんいでる」と答えると、相手は「生姜食うて楽しんでいる」と聞き間違える（ちょっと無理矢理感のある誤聞ですが）。屏風に描かれた人物が「太田持資《もちすけ》」だと教えられると、「もちすき（餅好き）？　オモロイ名前付けやがったなぁ」と答えてしまう。この「持資」は有名な太田道灌の俗名なのですが、ここでは「餅好き」に響かせたいために、敢えて俗名で口演されているようです。

さらに、道灌が狩りに出かけて「俄かの村雨」に遭ったと聞けば、「あぁ、お菓子が食いたくなったか」と頓珍漢な答え、「いや、お菓子の村雨じゃない。俄かに雨が降ったんじゃ」とたしなめられる。「一軒のあばら家」に雨宿りと聞いても「油屋が一軒」と解し、一軒家から「賤《しず》の女《め》」が出てきたと聞けば「雀が出てきた」と誤聞。太田道灌は「日本一の歌人」だと諭されても、「そら、えらいことなったなぁ、そいつは、やっぱり水の出が悪かったんだっせ。ずいぶんケガ人も…」と心配する。「歌人」を「火事」と聞き違えたのです。

このように、〈太田道灌〉は①や②の聞き間違えがギャグやクスグリとして頻出しますが、江戸落語〈百川《ももかわ》〉も同様です。ただし、こちらは聞き取りにくい田舎訛りをからかう趣向としての誤聞なので、私はあまり好きじゃないのですが。

## 〈紀州〉の聞き間違い

〈太田道灌〉や〈百川〉と違って、フロイト的誤聞を重要なモチーフとした落語に〈紀州〉があります。

**七代将軍・徳川家継の急死により、次の将軍を決めることになった。尾張藩主・**

徳川継友と、紀伊藩主・徳川吉宗が有力候補。将軍を決める評定の朝、尾張藩主が登城しようとすると、鍛冶屋の槌を打つ音が「トン・テンカン、トン・テンカン」と響く。彼には「天下取る、天下取る」と聞こえて上機嫌。しかし、評定の結果は紀伊藩主に決まる。尾張藩主が帰路につくと、再び鍛冶屋の槌打つ音が聞こえる。「トン・テンカン、トン・テンカン」に続いて、鍛冶屋が焼けた鉄に水をかけた音が「キッ、シュゥーゥ（紀州）！」と響く。

見事なフロイト的誤聞ですが、この〈紀州〉の原話と思われるエピソードが、松浦静山の随筆『甲子夜話』第十七巻（一八二一年刊）に載っています。館林藩（群馬県）の藩主・松平武元が老中首座だった時代、武家たちは出世競争に励んでいたといいます。

ある婦人の小便の音で、願いの成否が占えるという噂を聞いた某藩の留守居《るすい》役が婦人を訪ね、主君の出世を願う。婦人の小便の音を聞くと「じ、じゆう。じ、じゆう。じ、じゆう」、つまり「侍従、侍従、侍従」と聞えたが、さらなる昇進を願う留守居役がもう一度き直すと、今度は「せう・しやう。せう、しやう」、つまり「少将、少将」と聞えた。「侍従」は「従五位下」、「少将」は「正五位下」に相当の官職なので、留守居役は喜んだのだ。ところが、欲の出た留守居役が、さらに聞き直すと、婦人が「しよ、だい、ふうー」と放屁をしたため、無官の五位でしかない「諸大夫」に聞こえてしまった。

このエピソードは、明和年間（一七六四〜一七七二）の出来事だといいますから、フロイトが「フロイト的失言」について説いた『日常生活の精神病理学』（一九〇一年初版）よりも百年以上も遡ります。もしも、フロイトが〈紀州〉を知っていたら、きっと同書で紹介したでしょうね。

# 赤い人力車の真実

## 富士正晴による伝説の検証

上方演芸の資料館［ワッハ上方］（大阪府立上方演芸資料館）には、初代・桂春團治（一八七八〜一九三四）が乗ったという「赤い人力車」が復元されています。入館者が席に座ると、正面のスクリーンに法善寺界隈のアニメーションが映し出され、月亭八方《つきていはっぽう》と鈴木美智子のナレーションが流れます。八方が車上の春團治を、鈴木が道行く御寮《ごりよん》さんを演じ、二人の巧みな会話によって、大正初期にタイムスリップさせようという趣向です。

このようにワッハ上方に展示されるほど、春團治の「赤い人力車」は周知の伝説となっていますが、春團治の評伝を書くために関係者や資料を博捜した富士正晴は、これを明確に否定しています。

> 赤俥に乗ったとか、それは明治四十四年だったたという文献があるなどといわれている。しかしそれは、妻だったトミが全然否定しているから具合が悪い。（中略）ずっと後、吉本興業に入った時代にも、女中だった向井くら（今は松原姓）、二代目

小春（玉野博康）、二代目小春團治（林龍男・花柳芳兵衛）がみな赤俥は知らないと言う。

（富士正晴『桂春團治』河出書房・一九六七年）

春團治の妻だった東松トミの証言を持ち出されては、納得せざるを得ません。しかも富士は「赤い人力車」伝説が生み出された背景までも推測しています。それは、三代目・桂文三《ぶんざ》が乗っていた「赤俥」の話が、いつの間にか春團治伝に取り込まれたというのです。文三については、当時の落語相撲の番付に「赤俥文三」の四股名《しこな》が見えており、この推測には説得力があります。

別人の逸話が、より有名な人物に仮託されて広まることはよくあることです。

後年に、東松ふみ子が「父・桂春團治の思い出」のなかで「まだ車の珍しい時代に、派手な人力車に乗ってはった」と証言していますが（豊田善敬『桂春團治 -はなしの世界-』東方出版・一九九六年）、「派手な」とは言っているものの「赤い」とは表現していません。

では、どのように「派手」だったのか。春團治は、人力車の提灯に「春團治」と墨書させ、「春團治」の文字を染め抜いた法被《はっぴ》を着た車夫に牽《ひ》かせていたのです（富士正晴「東松トミの半生」『桂春團治』）。この「派手」が人々の記憶に残り、そこに文三の「赤俥」が上書きされたのでしょう。

## 長谷川幸延による伝説の普及

文三から春團治に乗り移った「赤い人力車」伝説が、今日のように人口に膾炙《かいしや》するようになったのは、長谷川幸延の『小説 桂春團治』の影響が大きいようです（『オール読物』一九五一年十二月号初出、のち加筆して一九六二年五月に角川書店から出版）。長谷川は、次のような印象深い場面を創作しています。

「春團治が、自前の俥を持ちよった…」
という評判は、たちまち楽屋から楽屋へと伝わった。（中略）落語家さん仲間の、口の悪いのが
「ふん。自前の俥なんて、まだ早い。春團治め、ふところは火の車のくせに…」
春團治は、その噂が耳に入るとすぐ
「火の車か。うん、ええこといいよった…」
と、膝を叩いた。そして、即座に俥を、赤い漆で塗りこめた。梶棒も、蹴込みも赤く、布團までも紅くした。そして

「これがほんまの、火の車じゃ」

**ひそかに、ニヤリと北叟笑《ほくそえ》んだ。**

こうして「赤い人力車」伝説に「火の車」の由来を創作した長谷川は、小説の最後を次のように締めくくります。

**あの赤い人力車は、弟子の福團治―二代目春團治が家宝として秘蔵していたが、戦災につぐ二代目の死で、果たして今、健在かどうかはわからないようである。**

「小説」とはわかっていても、練達の作家の手管にかかると、「赤い人力車」は俄然と真実味を増してきます。まもなく長谷川の小説は、館直志《たてなおし》（渋谷天外）によって脚本化され、東宝映画で森繁久弥が、松竹新喜劇で藤山寛美が春團治を演じ、「赤い人力車」伝説は急速に広まります。

その後も、「寛美十三回忌追善公演」と銘打って、沢田研二と中村勘九郎（のちの勘三郎）が、春團治を演じました。しかも舞台化にあたっては、病床に伏す春團治を、冥土から「白い人力車」が迎えに来るという演出が行われたのです。この最後の場面によって、観客の多くは「白い人力車は伝説」だが、「赤い人力車は真実」だと思い込んだのです。見事な潤色でした。

## 天満天神繁昌亭の赤い人力車

二〇〇五年十一月十日、南御堂(真宗大谷派難波別院・大阪市中央区)での「船場上方噺の会」(席亭・北原祥三)を終えたあと、桂三枝(当時)は、三代目春團治らとともに、打ち上げ会場に移動しました。上方落語協会会長に就いていた三枝は、協会の悲願である上方落語の定席《じょうせき》「天満天神繁昌亭」の建設に奔走していました。大阪天満宮の寺井種伯《たねのり》宮司の協力を得て、ようやく十二月一日に着工する目途を立てたばかりでしたが、三枝は早くも次の一手を思案していたのです。繁昌亭の柿落《こけら》としの趣向についてです。

三枝は、開宴後まもなく、三代目の向かい席に移って、次のように言いました。

「師匠、来年の柿落しには、赤い人力車に乗ってください。私が天神橋筋商店街を牽かせていただきます」

三代目は、真剣な眼差しで三枝を見据え、一瞬の間《ま》をおいて、

「実は、わしもいっぺん乗ってみたかったんや。しかし、君に牽けるかな」

と笑顔で応じました。

二人のやりとりを聞いていた「船場上方噺の会」世話人の一人、喜多條清光は別テーブルに

天満天神繁昌亭のこけら落としの日に、［大阪くらしの今昔館］前から天満天神繁昌亭に向けて出発する人力車。乗るのは三代目桂春團治、曳くのは桂三枝（現六代桂文枝）。

いた鈴木美智子を呼び寄せて、この会話を紹介します。それだけで十分でした。ワッハ上方のナレーションを務めた鈴木には、「赤い人力車」への思い入れがあったのでしょう、即座に、

「わかりました。私でよろしければ、赤い人力車を寄付させてください」

と申し出たのです。三枝の創意と、三代目の一瞬の間と、そして鈴木の即座の応諾。このような粋《すい》のやりとりの前には、伝説の真偽を詮索することは意味をなさないでしょう。

　繁昌亭柿落としの日、「赤い人力車」の伝説は真実となるのです。

注：本節は、二〇〇六年九月一五日の天満天神繁昌亭のこけら落としに合わせて出版した小冊子の再録です。

吉良上野介とかけて、ゴルフの翌日と解く。その心は…。

「あさのかろう」（浅野家老・朝の過労）が気になります。

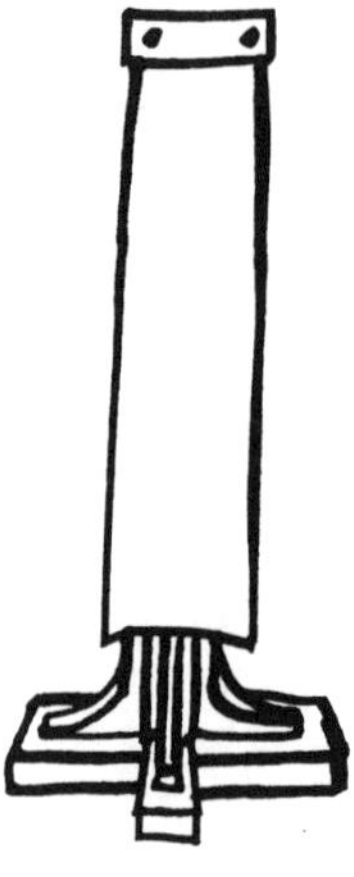

# ㊃、そのように考えましたか

# 空に憧れて

## 〈鷺とり〉と民話「鷺のさらい子」

いつの頃からだろう、空を飛べなくなったのは。中学生の頃までは、ひと月に一度くらいは飛んでいました。地上から3ｍほどの高さを、クロールでスイスイと遊泳できたものです。プールでは満足に泳げなかったくせに、空中ではなかなかのスイマーでした。

クラスメートに話したら、だれもが同じ夢を見ていたことに驚きました。平泳ぎもおれば、クネクネ蛇行、右手を突き出すスーパーマンスタイルなど、それぞれの飛行法は違っていましたが、全員が空を飛ぶ夢の経験があったのです。

それなのに高校に進学したころから、だれもが空を飛ぶ夢を見なくなってしまった。まるで義務教育とともに、この夢からも卒業したような感じでした。なにかのイニシエーションだったのでしょうか。

しかし、落語の世界は空を飛ぶ夢から卒業できないらしく、さまざまな空を飛ぶ噺が伝えられています。落語〈鷺《さぎ》とり〉は、奇想天外というか、荒唐無稽な方法で空を飛ぶ方法がモチーフになっています。まずは、その梗概から。

**ある男が元手要らずの金儲けをしようと、北野の円頓寺《えんどんじ》（大阪市北区）の池に鷺を捕りに行く。夜更けの池で眠っている鷺を一羽ずつ捕えては帯の間に挟み込んでいき、腰の周りにぐるりと鷺が吊るされる。やがて鷺たちが目を覚まして一斉に飛び立つと、男も天高く舞い上がる。気が付くと四天王寺の五重塔の宝輪につかまっていたとさ。**

これを、馬鹿馬鹿しいと思ってはなりません。所沢航空発祥記念館（埼玉県所沢市）に行けば、入館者の体重から何個の風船で浮かび上がるかを計算できる装置があるくらいなのです。その装置は、直径約30㎝のヘリウム入りゴム風船に13ｇの浮力があるとして、真面目に算出されます。〈鷺とり〉の男を馬鹿にしたのでは、同館学芸員の立つ瀬がない。落語家さんも、五重塔のてっぺんに飛び上がるには何羽の鷺が必要かを計算すれば、よりリアルな落語になるかもしれない……そんなことはないか。

この〈鷺とり〉の原話は、『鳩灌雑話《きゅうかんざつわ》 三』（一七九五年）に所収されています。天満信保町に住む日雇い稼ぎの権助の物語（「鷺」と「次の鷺」の二編）なのですが、そのさらなる原話は、全国各地に伝えられる「鷲《わし》のさらい子」譚のようです。「鷺」ではなく「鷲」です。

「鷲のさらい子」として有名なのは、のちに東大寺の初代別当になった良弁《ろうべん》でしょう。良弁は嬰児のときに鷲にさらわれ、東大寺二月堂の前の杉木の上に捨てられていたところ、東大寺の義淵《ぎえん》に育てられたと伝えられます（『沙石集《しゃせきしゅう》』）。東大寺の『執金剛神縁起《しっこんごうしんえんぎ》』には、良弁をさらって天高く舞い上がる鷲の絵が描かれています。この伝説は文楽や歌舞伎の『良弁杉由来』に脚色されたこともあり、広く知られるようになります。東大寺二月堂前には、伝説の杉木というものが伝えられ、現在はその四代目「良弁杉」が立っています。

また、『日本霊異記《りょういき》』には、但馬の山里で鷲にさらわれた幼女の話が載っています。

**幼女が連れ去られて八年の後、父親が丹波のある家に宿ると、同家の娘が近所の子どもたちから「鷲の噉残《くらい》し」（食い残し）だといじめられていた。八年前に大鷲が雛《ひな》の餌にするために樹上の巣に落とした娘だと聞いて、父親は我が娘だと気づく。**

このような「鷲のさらい子」譚が各地に伝わっているのは、その伝説が生まれる下地として、現実に鷲が幼児をさらう事件があったためだと考えられます。明治二十八年（一八九五）一月二十八日付の読売新聞には、「小児を攫ひし大鷲竟《つい》に擒《とら》へらる」という記事が載っています。広島県三次町《みよしまち》（現三次市）で小児をさらった大鷲を捕まえたら、重さが六〜七貫目（22・5〜26・25kg）で、羽翼《うよく》を広げると二間余（3・6m）もあったといいます。

このような「鷲さらい子」の実話が各地にあったことに配慮したためでしょうか、落語では「鷲」ではなく「鷲」変えて、とんまな男を五重塔のてっぺんにまで運ぶことになります。

## 〈愛宕山〉と『メリー・ポピンズ』『となりのトトロ』の傘

落語〈愛宕山《あたごやま》〉では、太鼓持の一八《いっぱち》が、旦那にお供して愛宕山（京都市右京区）に登り、頂上で土器《かわらけ》投げに興じるなか、旦那は土器の代わりに小判二十枚を谷底に投げます。拾えばもらえると聞いた一八は、茶店のお婆んから大きな傘をかりて「これだけ大きい傘ならいけるやろ、清水の舞台飛びっちゅうやっちゃな。傘をつかんでばーんと飛び下りる話が昔からあるのやさかい」。これに対して旦那は、「清水の舞台飛び、あれだけ大きい傘持ってりゃ死なへんじゃろ。怪我でもしたらわしが引き受けるさかい」（『米朝落語全集』第一巻・二〇一三年）。

一八のように、傘を持って飛ぶ発想は洋の東西を問わないようです。傘の形が、風を蓄えてゆっくりと下降するパラシュートを思わせるからでしょうか。

映画『メリー・ポピンズ』（一九六五年）でも、ジュリー・アンドリュース扮する魔法使いのベビーシッターが、右手にカバンを、左手に傘を持って、空から緩やかに降りてくるシーンが印象的でした。あまりにも自然に優雅に舞い降りるジュリー・アンドリュースに、高校生だった私は憧れ、さっそく近くの公園の滑り台の上から蝙蝠傘《こうもりがさ》を持って飛び降りたのですが、傘は無残に壊れ、足首は捻挫し……思い出したくもない。

そういえば、アニメ『となりのトトロ』（一九八八年）でも、サツキとメイをお腹にしがみつかせたトトロが傘を広げて飛んでいます。この上映時には、私はすでに成人していたので、数百kgもありそうなトトロの巨体のわりには傘が小さすぎる不自然さを見抜くだけの判断力が備わっていましたから、公園の滑り台を見ても傘を壊すことはありませんでした。大人になるとはこういうことを言うのでしょう。

## 清水の舞台から飛び降りる

〈愛宕山〉も『メリー・ポピンズ』も『となりのトトロ』もすべてフィクションです。しかし、歴史的には清水の舞台から傘で飛び降りようとした女性がいたのです。

「清水の舞台から飛び降りる」といえば「必至の覚悟で行うこと」を意味する慣用句ですが、本来は京都・清水寺の高さ12ｍの崖に張り出した舞台から、「立願」や「心願」のために飛び降りる信仰上の行為でした。

当時の俗信によれば、清水寺に日数を定めて祈願し、その結日（最終日）に舞台から飛び降り、祈願が成就する場合には無傷で生き延び、そうでなければ死んでもあの世で仏になるというのです。その霊験あらたかなことは、人びとの口の端に上っていたようです。幕末の随筆集『思斎漫録《しさいまんろく》』（一八三二年）には、安永《あんえい》年間（一七七二〜八一）の飛び降り事件が聞き書きされています。

大和大路四条（京都市東山区）の菓子屋の母は、歩行が不自由な病に臥せっており、その子（性別不詳）は、母の全快を祈願して舞台から飛び降りるが、「不思議にいささかも毀傷《きしょう》なし」だった。居合わせた群衆の一人が菓子屋の母に知らせると、母は「大いに驚き悲しみ、思わず立ちて走りいで」、母の病は治癒した。

右の真偽はさておき、この種の噂の影響もあってか、江戸時代には毎年のように飛び降り事件が起きていいます。清水寺門前を支配していた塔頭《たっちゅう》の成就院《じょうじゅいん》の日記には、元禄七年（一六九四）から元治元年（一八六四）までの「飛び落ち」事件を（未遂も含めて）二三四件も記録していいます（同日記は、すべて「飛び降り」ではなく「飛び落ち」と表記します）。その死亡率は14・6％といいますから意外に低い。しかし、六十歳以上の死亡率は100％ですから、年寄りの冷や水は控えなければ（横山正幸『実録「清水の舞台より飛び落ちる」』二〇〇〇年）。

この「成就院日記」の天保四年（一八三三）七月二十七日条には、傘を持って飛び降りようとした女性の記録がみえます。

**今朝六つ半時ごろ、十七、八才ばかりの女、本堂舞台高欄の外へ傘を所持いたし立ち出で、飛び落ち申すべき様子**

「今朝六つ半」といいますから午前七時ころ、清水の舞台の欄干の外側に立って飛び降りようとしていた女性が、参詣人に見つかって未遂に終わった事件です。今まさに飛び降りようとしたところを止められたのか、もう何時間も躊躇していたのかはわかりませんが、注目すべきは傘を持って飛び降りようとしていたことです。

歌川芳梅『滑稽都名所』より
「清水寺」（立命館大学ARC蔵）

傘を持っておればトトロよろしくフワァーっと軟着陸できると考えたのか、いや、おそらくは歌舞伎「清玄桜姫《せいげんさくらひめ》」物の影響だったように思います。清水寺の僧・清玄が桜姫に恋い焦がれる物語が何作も生まれていますが、そのうちの代表作である『遇曽我中村《さいかいそがなかむら》』（一七九三年初演）では、桜姫が清水寺の俗信を踏まえて、鎌倉の新清水寺の舞台から「傘を担いで、桜姫、舞台より飛び降り、ウンと悶絶する」場面があります（※「遇」のルビは『日本戯曲全集第十四巻・曽我狂言集』では「さいはひ」）。

また、『東海道中膝栗毛《とうかいどうちゅうひざくりげ》』（一八〇二〜一八〇九年）にも、主人公の喜多八《きたはち》（北八）と、清水寺の老僧が、傘を持って飛び降りることについて会話しています。

北八「傘をさして飛ぶというは、此《この》舞台からだな」

老僧「むかしから当寺へ立願のかたは、仏に誓うて、是から下へ飛ばれるが、怪我せんのが、有りがたいところじゃわいや」

浮世絵にも、傘を差して飛び降りる様子を描いたものが数点あります。ここに紹介しているのは、歌川芳梅の「滑稽都名所 清水寺」です。このほかにも、鈴木春信「清水の舞台より飛ぶ女」や、鈴木春信「清水の舞台より飛ぶ美人」、磯田湖竜斎の「清水の舞台から飛びおりる娘」などがあります。

清水の舞台から飛び降り未遂の傘を持った女性も、浮世絵の傘を持って飛び降りる女性も、落語〈愛宕山〉で傘を持って飛び降りた一八も、みんな「清玄桜姫物」の影響なのでしょう。

江戸時代の清水寺では毎年のように飛び降り事件が起こっていましたが、その多くが信仰に基づくものであったためか、江戸幕府は明確な禁止令を発布してはおらず（飛び降り防止用柵は設けますが）、法令で禁止されるのは、明治五年（一八七二）の京都府布令書によってでした。

## 草座飛行と荒井由実「ひこうき雲」

落語では、鷺や傘の力を借りて飛びましたが、信仰の世界では、草座《そうざ》に乗って飛ぶ伝説が散見されます。草座とは、僧侶の敷く座具の一種で、アラビアンナイトの一話「空飛ぶじゅうたん」を思わせます。

神護景雲《じんごけいうん》二年（七六八）二月十五日、善仲上人は「草座に乗り、高く飛びて西に去れり」といい、翌年七月十五日には、弟の善算上人も「天に沖《ひ》りて西に没せり」と記録されています（『拾遺往生伝《しゅういおうじょうでん》』）。兄は草座に乗って天空に舞い上がって往生し、善算の「沖りて」は天高く昇ることをいいますから、弟も兄のあとを追ったのです。

空に昇って往生といえば、荒井由実（松任谷由実）の『ひこうき雲』が耳に響いてきます。その歌詞は荒井がまだ高校生のときに聞いた高校生の飛び降り心中をモチーフにしているそうです。

この歌は、近年に宮崎駿《はやお》監督のアニメ『風立ちぬ』（二〇一三年）の主題歌にもなったので、ご記憶の方も多いでしょう。「あの子」は、病院の窓から身を投げ、善仲・善算兄弟のように天空に舞い上がったようです。もしよければ、荒井由実もいいのですが、柴田淳《じゅん》の歌声で聞いてほしいですね。「あの子」はきっと往生したに違いないと思えてきますから。

## 飛鉢伝説と南方熊楠

修験道の祖とされる役行者《えんのぎょうじゃ》(役小角《えんのおづぬ》)も、善仲と同じく草座で飛んだといいます。「役行者、みづからは草座に乗りて、母をば鉢にのせて、唐へわたりにけり」との記録があります(『三宝絵』)。役行者は草座に乗り、その母親は鉢に乗って、日本海を越え中国大陸へ渡っています。

役行者の母親は鉢に乗って飛びましたが、鉢そのものが飛ぶ説話もあります。信貴山《しぎさん》の中興開山とされる命蓮《みようれん》が、長者のもとに托鉢《たくはつ》用の鉢を飛ばすと、その鉢は米倉を乗せて飛び戻ってきたという有名な伝承です(『信貴山縁起絵巻』)。この種の説話は「飛鉢譚《ひはつたん》」、あるいは「飛鉢伝説」と呼ばれ、各地に広まっています。この説話については、南方熊楠《みなかたくまぐす》が「寂照《じやくしよう》飛鉢の話」で次のように解釈しています。

かつて淋しき熊野の山中で、薄暮近く鼯鼠《むささび》ごときものが、高い頂から斜めに下りまた上ること数回なるを見て、鼯鼠が下から上へ飛ぶは奇怪と、久しく守りておると、「やえん」という機械《からくり》で物を上下するのと分った。

「やえん」（野猿）とは、現在では奈良県十津川村などの観光資源になっている人力ロープウェイのことです。熊楠は、里人が山中の修行者に米などを運ぶ「やえん」を、誰かが見間違ったことによる伝説だと推測しているのです。しかし、飛鉢伝説は必ずしも山頂と山里の間を飛ぶとは限らず、むしろ山頂と沖合を航行する船との間を飛ぶことも多いようです。たとえば、山岳信仰の祖・泰澄《たいちょう》の弟子の臥行者《がぎょうじゃ》は、越知山《おちさん》（福井県）から日本海を航行する船に鉢を飛ばして布施を乞うたが拒否されたため、鉢は船荷の米俵を引き連れて山頂に飛び戻ったといいます（『泰澄和尚伝記』）。

ほかにも、比良山《ひらさん》（滋賀県）の修行僧が琵琶湖に浮かぶ船に鉢を飛ばしたり（『本朝神仙伝』）、法華山《ほっけさん》（兵庫県）の開基・法道《ほうどう》仙人が播磨灘を行く船に飛鉢で供米を求めたり（『元亨釈書《げんこうしゃくしょ》』）、この種の伝承を挙げ出せばきりがありません。これらの「飛鉢伝承」に、熊楠の「やえん」説は成り立たないようです。

## 〈天狗裁き〉と〈天狗さし〉の天狗

それにしても、人間の空を飛びたい願望は強いようですね。だからこそ、誰もが空を飛ぶ夢を見て、落語・説話や映画にも空を飛ぶシーンが登場するのでしょう。ギリシア神話では、蝋《ろう》で固めた翼で空を飛ぶイカロスが登場しますし、神話を持たないアメリカでは、クリプトン星から来たスーパーマンを新しく生み出しています。そういえば日本にも、鷺・鷲・傘・草座などの助けを借りなくても自在に空を飛べる天狗がいました。

落語〈天狗裁き〉では、鞍馬山僧正ヶ谷の大天狗が喜八の身体を持ちあげて天高く舞い上がります。この天狗は町奉行よりも威厳を持ち、怪異現象を引き起こす超能力を持って登場します。

しかし、同じ落語でも〈天狗さし〉の天狗は趣が異なります。ひと儲けを考えた喜六は、天狗肉のすき焼きで儲けようとします。略して「天すき屋」。喜六は天狗を捕えるために鞍馬に向かいますが、間違って僧侶を捕まえてしまいます。ですから、実際には天狗は登場しないのですが、すき焼きの具にされそうになるくらいですから、天狗も地に落ちたものです。いやいや、落ちてはいけない、天狗は自在に飛行できなければ。

# 千と千尋とイモリの黒焼き

## 湯屋と風呂屋

二〇〇一年に公開された宮崎駿監督のアニメ『千と千尋の神隠し』は、今も国内総合興行収入の第一位に輝いています。異界に迷い込んだ少女「千尋」が、名を「千」と変えて「油屋《ゆや》」で働いた後に、こちらの世界に戻るまでを描くファンタジー・アニメです。

一般的に「油屋《あぶらや》」とは、菜種油や綿実油などの卸問屋・小売店の屋号でした。江戸時代には灯油《ともしあぶら》の需要が多く、油の専門店が多かったため、文楽『新版歌祭文』には油屋の娘・お染と丁稚の久松が、『女殺油地獄《おんなごろしあぶらのじごく》』には油屋の河内屋与兵衛が、『曽根崎心中』にも敵役として油屋の九平次《くへいじ》が登場します。落語でも〈はてなの茶碗〉の主人公は油屋でした（P138）。

しかし、江戸時代後期の「油屋騒動(古市十人斬り)」は、伊勢古市(三重県伊勢市)の遊女屋「油屋」で起きた殺傷事件でした(この事件を芝居化したのが、歌舞伎『伊勢音頭恋寝刃《いせおんどこいのねたば》』です)。そして、千（千尋）の職場「油屋」は表向きは銭湯でしたが、そのモチーフは遊女屋でした。その屋号の音読みが「湯屋《ゆや》」に響きます。千の「油屋」では、疲れを癒しに来る八百万《やおよろず》の神々を薬湯や豪華な料理でもてなします。このアニメを見た素直な子どもたちは「温泉旅館」だと思うでしょうが、私のようなすれた大人には、それが遊女屋をイメージしていることは見え見えなのです。油屋で働くリンが、釜焚きの釜爺から「イモリの黒焼き」をもらうと、他の従業員たちに横取りされないように食べてしまうシーンや、油屋の衝立《ついたて》に揮毫《きごう》された「回春」の文字などに明々白々なのです。

「イモリの黒焼き」は、一名「なれそめ薬」ともいい、精力増進剤や惚れ薬として周知の漢方薬でした。本節では、これをモチーフにした落語〈イモリの黒焼き〉をテーマにしようとしているのですが、いましばらく「湯屋」にお付き合いください。

本来の「湯屋」とは、現在で言うところの銭湯のことで、遊女屋は「風呂屋《ふろや》」といいました。江戸時代の大坂・曽根崎新地には「風呂屋株四株」と「湯屋株一株」が認可されており、風呂屋株は遊女屋の、湯屋株は銭湯の営業権を意味していました。そして、風呂屋には「湯女《ゆな》」や「垢掻《あかかき》」と呼ばれる女性が遊女を兼ねて働いていたのです。

余談ですが、そのむかし「ソープランド」の通称になっていた「トルコ風呂」は、トルコ共和国に対して誠に無礼千万な名称ではあるのですが、「湯屋」と言わず「風呂」といったことに限れば、歴史的語義に叶った呼称だったことになります。

とはいいながら「湯屋」と「風呂屋」は混同されやすく、また地域差もあり、混用されていました。江戸後期の風俗誌『守貞謾稿《もりさだまんこう》』（一八五三年頃）には「京坂にて風呂屋と云《いい》、江戸にて銭湯或いは湯屋と云《いう》」と説明しています。

たしかに、生粋の大阪人である私は、いわゆる銭湯を風呂屋と言っていました。小学生の私は毎日のように風呂屋に行きましたが、一度も遊女に会ったことはなかった（と思います）。昭和の名曲『神田川』の歌詞に「二人で行った横丁の風呂屋」とありますが、これは作詞の喜《き》多條忠《たじようまこと》さんが早大生だった時代の同棲生活を書いているのですから「横丁の銭湯」とすべきところを、喜多條さんが大阪・天満の出身であるために「風呂屋」となっているのです。それはともかく、千の職場「油屋」は明らかに遊女屋としての「湯屋」だったのです。

## 黒焼きの効能

さて、落語〈イモリの黒焼き〉に移りましょう。まずはあらすじから。

**米屋の娘に惚れた喜六は、甚兵衛さんに教えてもらった惚れ薬「イモリの黒焼き」を高津の黒焼屋で買う。米屋の前で娘が出てくるのを待ち伏せ、黒焼きを振りか**

**けようとするのだが、思わぬ風が吹いて、娘ではなく店先の米俵にかかってしまう。結果、喜六は米俵に惚れられ、追いかけられる。**

なんともナンセンスな噺ですが、落語の会話では、さらにイモリの黒焼きの「普通」と「本物」について蘊蓄《うんちく》が語られます。前者は、普通に捕まえてきたイモリを黒焼きにしただけのものですが、後者は「交尾中のイモリ」を捕まえて焼いたものだというのです。交尾中のオスとメスを捕まえて、無理やりに引き離して別々に素焼きの壺で蒸し焼きにすると、イモリは淫情が異常に強いため、互いを想って壺から立ち昇る煙となって結ばれるのだそうです、よう知らんけど。

そのオスを男性に、メスを女性に振りかけると、効果絶大だといいます。喜六もオスの黒焼きを自身に振りかけ、米屋の娘にはメスの黒焼きをかけようとしたのですが、誤ってそれを振りかけられた米俵が人間に惚れて追いかけるほどに、その効果は絶大だったのです。

「高津の黒焼屋」とは、高津宮《こうづぐう》（高津神社・大阪市中央区）の西側階段の下に実在した店で、落語だけではなく小説のモチーフにもなっています。東郷隆の小説「イモリの黒焼き」（『最後の幻術』静山社文庫・二〇一二年）は以下のように描いています。

**西国は大坂。高津の宮と申しますところに「黒焼き屋」がございまして、諸国土**

産案内にも載る程の評判。ある人が、買い求めた黒焼きの袋を机の上に出しておきますと、猫がやって来てじゃれついた。爪でひっかいて袋の中味が外にこぼれます。くんくんと嗅ぎ、途端におかしくなる。そこへ鼠が顔を出します。猫はごろごろっと喉を鳴らしたと見るや鼠に走り寄り、ぐいと抱きついて鼠の穴に二匹して潜り込む。そのまま枕を交して夫婦になっちゃった、という話までございます。

猫と鼠が枕を交わした真偽については知りませんが、この東京を舞台にした小説でも、高津の黒焼屋が出てくるほどに有名だったのです。

## 縁切坂と惚れ薬

高津宮は上町台地に連なる高台に位置するため、南側に表参道の階段があり、北側と西側にも階段が付いています。〈稲荷俥《いなりぐるま》〉では、この表参道下で客待ちしていた俥夫が、ここで客を乗せて産湯稲荷《うぶゆいなり》神社（大阪市天王寺区）へ向かいます。西側の階段は、江戸時代の地誌『摂陽《せつよう》奇観《きかん》』に「世俗に去《さ》り状坂《じょうざか》といふ。三下《みくだ》り半《はん》に曲がりたるゆへ也」と紹介されるほどの名所で

「縁切坂」こと高津宮の西坂。一方、この南側にある「相合坂」は縁結びの階段とされている。

した。何回も折れ曲がる階段だったので、「三下り半→三行半（離縁状）→去り状→去り状坂」というわけです。

〈西の旅・明石〉でも、この階段について「一名を縁切坂《えんぎりざか》・離縁状坂ちゅなこと言ぅてな（中略）夫婦が手を繋いで上がると縁が切れる」と説明しています。それにしても縁切坂の下に、惚れ薬屋とは、なんとも皮肉な話です。

〈天神山〉や〈親子茶屋〉などにも同店は登場します。〈天神山〉では、安井神社（安居天満宮）の裏手で捕まえたキツネを高津の黒焼屋に売りに行くというセリフがあります。このセリフにもうかがえるように、黒焼き屋ではイモリだけではなくさまざまな小動物の黒焼きを商品にしていたのです。明治十四年（一八八一）四月十日付大阪朝日新聞には、次のような記事が載っています。

南区役所にて取調べられし十三年度下半季分の「輸入品調査表」に依れば、猿廿四疋・獺《かわうそ》六十五頭・狐四十頭・栗鼠《りす》十頭・烏千三十羽・鳶千四百十五羽・蟇《かえる》二千五百頭・鶏十七羽なり。こは何れも和泉・大和・山城あたりより当地へ持来たり、かの高津黒焼商へ販売せしものなりと。

ここにイモリが挙がっていないのは、わざわざ他府県から仕入れなくても、身近で入手できたからでしょう。それにしても「高津黒焼商」だけでこれだけの品数量を扱っていたことに驚かされます。

落語〈親子茶屋〉では、親旦那に説教された若旦那が「お父っつぁんを高津の黒焼屋へ持って行っても断られる」と悪態を吐きますが、黒焼屋の品数の多さを踏まえたジョークだったのです。

## 明治・大正期の黒焼屋

明治の文明開化の波が押し寄せても、黒焼きの人気は衰えなかったようです。明治四十二年（一九〇九）九月十八日の東京朝日新聞には「黒焼の今昔 今でも売れるから妙だ」という記事があるので、その冒頭を引用します。

**黒焼は蠑螈《いもり》に止めをさし、昔は随分に流行ったものだが、今はそれよりも効能のある薬が沢山できて買い手も減り、拵《こしら》える者も少なくなった。しかし東京には未だこの黒焼を商売としている家が東両国に豊田屋と湊屋の二軒、下谷区御成《おなり》街道に一軒、その他合わせて都合五軒ある。**

このあとに、「豊田屋」の主人による黒焼きの原料についての証言が続くのですが、なかなか興味深いものです。「原料の種類は鳥虫魚貝類を合せたら二百三四十種」もあり、「動物はすべて子を取る」「これを獲るものは山奥へ這入り親が餌をあさりに行った留守に拾って来る」といいます。なるほど、子どもの方が効能を期待できるのでしょう。しかし、落語の場合は、交尾中のが「本物」なのですから、この場合は成人の、いや成イモリだったはずです。

「豊田屋」の主人は、近代化の波は黒焼の原料に影響を与えたと話します。

**鳥や虫もまた田舎へ注文するので、これは子供が捕ってきますが、一番よく売れる赤蜻蛉《とんぼ》・鳶《とび》・蝙蝠《こうもり》の三種は、近年だんだん減って容易に集まらぬ様になりました。**

明治時代の「イモリの黒焼き」の新聞広告。

**これは、田舎の萱葺《かやぶき》屋根が瓦葺となって蝙蝠の棲家《すみか》がなくなり、また赤蜻蛉は工場が増したために川の虫が少なくなったからだと思います。**

黒焼屋ならではの文明批評です。さらに豊田屋は「昔は蠑螈《いもり》の黒焼といえば妙な風に解釈したものですが、それは間違いで、ホントは子供が乳母に馴染まぬ時に用いるのです」と主張します。

しかし、当時の新聞広告をみれば、「妙な風に解釈」されてもやむを得ないようです。明治二十五年（一八九二）二月三日付東京朝日新聞に載った「いもりの黒焼」の広告のキャッチは「男女諸君に告ぐ」であって、「乳母に告ぐ」ではないのですから。しかも、広告中には「本品は外見の憂いなきよう厳緘にて郵送」と注記しています。乳母が使うのなら、厳緘（＝厳封）の必要はなかったはずなのに。

同年七月十五日の同紙「ゐもりの黒焼」の広告には「効能ハ風紀を害する故、茲《ここ》に記さず。詳細《くわしく》は効能書にあり」と説明しています。新聞広告にはふさわしくない効能であり、同時に、効能書を読まなくても、その用途は周知されていたということです。

興味深いのは、その商品は「一つがい原《もと》の形のまゝ箱入」と謳われ、オスとメスの番《つがい》をセット販売していることです。なんと、交尾中のイモリが「本物」というのは、落語の創作ではなかった。落語恐るべし。

# 落語の四苦八苦

## 「四苦八苦」の意味

落語には「四苦八苦《しくはっく》」をモチーフにしたものが数多くみられます。仏教のお説教（法話）の流れをくむ落語ですから、仏教の教え「四苦八苦」が採り込まれているのは当然ですが、実のところは、他人が「四苦八苦」するのを面白がる人が多いからと見た方がいいのかもしれません。

四苦八苦のうち「四苦」が「生老病死《しょうろうびょうし》」を指すことは周知ですが、「八苦」については意外に知られていないようです。八苦とは「生老病死」の四苦に、「愛別離苦《あいべつりく》」「怨憎会苦《おんぞうえく》」「求不得苦《ぐふとくく》」「五蘊盛苦《ごうんじょうく》」の四苦を加えたものをいいます。決して、四苦＋八苦＝十二苦でもなければ、四苦×八苦＝三十二苦でもない。ましてや、四×九＋八×九＝一〇八の結果、「一〇八の煩悩」だというのは落語的強弁でしかありません。

ちなみに、「愛別離苦」は愛する人との別れ、「怨憎会苦」は憎らしい人に会うこと、「求不得苦」は求めるが得られないこと、「五蘊盛苦」は心身を自在に制御できないことをいいます。

さて、ここからがキモなのですが、「四苦八苦」の「苦」はその字面通りの「苦しいこと」

というよりは、むしろ「思い通りならないこと」の意味に近いようです。だからこそ、落語のモチーフになりやすいとも言えます。他人の「苦しいこと」は笑いにくいものですが、「思い通りならないこと」はさまざまな笑いのバージョンに加工されて、落語のネタになりやすいのです。他人の不幸は蜜の味。

## 会えない時間が育てるのは

「思い通りにならないこと」の代表格は「愛」と「死」でしょう。まずはP46でも紹介した落語〈崇徳院《すとくいん》〉の愛のゆくえを見てみます。

高津宮（大阪市中央区）絵馬堂の茶店で、若旦那がある娘を見染め、想いが募って臥せってしまう。心配した親旦那は熊五郎に娘を探させる。ついに娘の居所を突き止めるのですが、噺はここで終わります。

このあと若旦那と娘は再会して、恋を成就させたのだろうか。それともスキー場ロマンスよろしく、再会後は一気に熱が冷めて破局とはならなかったのだろうか。落語ではなぜそのあたりを描かないのだろうか。そんなことを考えていると、宗教人類学者の植島啓司先生に教えていただいた「九十九日目の夜」の話を思いだしました。

**ある国の兵士が、王女に一目ぼれをした。兵士が王女に想いを告げると、王女は「今日から百日の間、私のバルコニーの下で待ち続けてくれたら、あなたのものになりましょう』と答えた。この日から、兵士は雨の日も風の日も雪の日も、何があってもそこから動かなかった。そして、九十九日目の夜、兵士は立ちあがり、そこから立ち去ってしまった。**

なかなか含蓄のある話です。兵士は自らの意志で立ち去るのです。彼にとっては、窓下の九十九日こそが恋だったのでしょう、たとえ、王女と結ばれても、九九日の間の幸せに勝る幸せを手に入れることはできないと気づき、立ち去る道を選んだのです。よう知らんけど。

我が国にも同様の伝説があります。深草少将の「百夜通い」です。深草少将については、P34でも触れましたね。深草少将が絶世の美女・小野小町に求愛すると、小町は「私の元に百夜通えばあなたを受け入れる」と答えます。「九十九日目の夜」と同じです。違うのは、少将は九十九日目の夜に雪のため凍死するのです。自身の意思に反しての凍死ですが、九十九日間の幸せは兵士と同じだったでしょう。よう知らんけど。

そうなんです。〈崇徳院〉の若旦那も、熊五郎の報告を待っている日々こそが幸せだったに違いない。この落語の作者は、熊五郎が娘を探しだしたところで噺を終え、若旦那に報告するまでは描きませんでした。それでいいのです。後日談を気にした私がウカツでした。若旦那にとっては、恋煩いで臥せっている至福の時間に比べたら、その後のことなんて大したことじゃない。もしかしたら、熊五郎が報告に来る足音が聞えると、どこかへ逃げだしたかもしれない。なかなか恋愛とは厄介なものですね。そういえば、私も、いや他人に聞いた話ですが、結婚後よりも、口説き続けていた頃の方が絶対に幸せだった！　ほんまに他人に聞いた話なので、よう知らんけど、そんな話だったような気がします。

その頃、郷ひろみの『よろしく哀愁』が流行っていました。会えない時間こそが愛を育てるという意味を理解できなかったけれど、今は……。

## 〈死神〉と寿命のコントロール

「思い通りにならないこと」のもう一つの代表格である「死」について考えます。「死」、言い換えれば寿命です。落語〈死神〉は、自身の寿命を制御しようとした男の失敗談です。

ある貧しい男が死神から、「死神の姿が見える」ようになる呪文をかけられ、「枕元に死神が座っている病人は死ぬが、足元に座っていると助かる」と教えられる。男は医者になって富裕になるが、やがて患者の枕元に死神が座っていることが多くなり、もとの貧乏に戻ってしまう。そんなとき、金持ちを診察した男は、枕元の死神が居眠りしている間に、布団を回転させ足元に死神がいるようにして、多額の謝礼をもらう。その帰り、死神は男を洞窟に案内する。そこには、人間の寿命を示す大量の蝋燭《ろうそく》が揺らめいている。男は今にも消えそうな自分の蝋燭を見つけ、他の蝋燭を継ぎ足そうとするが…。

この落語は、明治期の三遊亭圓朝《えんちょう》（一八三九〜一九〇〇）がヨーロッパの説話を翻案したものといわれますが、寿命を思い通りにしたい欲望は洋の東西を問わないようです。〈死神〉を聞きながらいつも思うのですが、私たちは何歳になったら、この男のような悪あがきをしないで、自身の蝋燭が消えるのを静かに見守ることができるのでしょう。
〈死神〉のオチは、男の手が震えてうまく蝋燭を継ぎ足せなかったり、自身のくしゃみで消してしまったり、死神に吹き消されたりと、演者によってさまざまにアレンジされていますが、おしなべて男の蝋燭は消えてしまいます（死んでしまいます）。まれに、うまく継ぎ足せて生き延びるオチもあるのですが、これは後味がよくないですね。人間が寿命をコントロールすべきではないという通念に逆らっているからでしょうか。

寿命が思い通りにならないことの悩みは、あの兼好《けんこう》法師（一二八三？〜一三五二？）も例外ではなかったようです。『徒然草《つれづれぐさ》』には「命長ければ辱《はじ》多し。長くとも四十に足らぬほどにて死なんこそ、めやすかるべけれ」と書いています。「長く生きると恥をかくことが多いから四十歳までに死んだ方が見苦しくない」というような意味ですが、実はこれを書いたときの兼好はすでに五十歳近くで、そのあと古稀（七十歳）まで生き続けるのです。兼好はどれだけ恥をかきまくったのでしょうか。

## 〈裏向丁稚〉と「人間五十年」

井原西鶴（一六四二〜一六九三）にも、「浮世の月 見過ごしにけり 末二年」という辞世があります。人生五十年から二年も余分に生きて、この浮世で月を見てきたんだなー、という感じでしょうか。人生は五十年で十分だということです。確かに、むかしは「人生五十年」とよく言いました。童謡『船頭さん』（一九四一年）にも、「村の渡しの船頭さんは、今年六十のお爺さん」の歌詞がありました。六十歳にもなれば、それはもう間違いなく「お爺さん」でした。

落語〈裏向丁稚《うらむきでっち》〉（江戸では〈按摩小僧《あんまこぞう》〉）にも「人間わずか五十年」というセリフがあります。十一屋の隠居が六十四歳で亡くなったことを聞いた七十四歳の老人が「えらい若死にじゃ」というと、別の男が「人間わずか五十年、五十であんたよろしぃのに。それに六十四やったら至当でやんがな。あんた七十四やったら、だいたい生き過ぎてはんねや。いつ死なはんねん？」と悪態を吐くのです。

言うまでもなく、この「人間わずか五十年」は、幸若舞《こうわかまい》『敦盛《あつもり》』の「人間五十年、化天《げてん》のうちを比ぶれば、夢幻《ゆめまぼろし》の如くなり」に基づきます。織田信長が本能寺の最期に舞ったと伝えられる有名な詞章です。焼け落ちる本能寺で舞う信長を「誰が見てたんや！」と突っ込みたくなる伝説ですが、ドラマ化では欠かせないシーンになっていますね。

しかし、江戸初期に成立した信長の伝記『信長公記《しんちょうこうき》』には、まだ『敦盛』を舞う信長は創作されていません。ただ、本能寺の変より三十年さかのぼった桶狭間の合戦に出陣する信長について以下のように記されています。

**信長、敦盛の舞いを遊ばし候。人間五十年、下天の内をくらぶれば、夢幻のごとくなり。**

どうやら、焼け落ちる本能寺で信長が『敦盛』を舞ったというのは、この記事がヒントになったようですが、今はそのことよりは、この「人間五十年」の意味にこだわりたいと思います。世間的には（ということは、時代劇的にも）これを人間の「寿命」だと考えられているようです。

しかし、この「人間」は仏教用語であって、ヒューマンではないのです。仏教では人間の輪廻する世界を「天界・人界・修羅《しゅら》界・畜生《ちくしょう》界・餓鬼《がき》界・地獄界」の六道《ろくどう》からなると説きますが、そのうちの天界は「無色天《むしきてん》・色天《しきてん》・六欲天《ろくよくてん》」からなり、六欲天のうちの一層目が「化天」（『信長公記』では「下天」）で、その一昼夜はとてつもなく長いといいます。ですから、この化天の世界に比べたら、人間界（＝人界）の五十年なんてほんの一瞬でしかないという意味なのです。人間の寿命が五十年だということではありません。

では、江戸時代の人々の寿命はどれくらいだったのでしょうか。国勢調査がなかった江戸時代では史料上の制約も大きく、その研究は隔靴掻痒《かっかそうよう》の感があります。それでも、一六七一年から一八七二年にわたって町村ごとに作成された「宗門人別改帳《しょうもんにんべつあらためちょう》」には、毎年の町村民の年齢が記されており有益な史料となります。残念なのは、一年ごとの改定期の間に生まれて死んでしまった乳児については記載されていないことです。正しく平均寿命を算出するのには、一年未満の乳児の死亡率も不可欠なのに、それがまったく不明なのです。

例えば二〇一四年の乳児死亡率は0・21％ですが、一九六〇年には3・98％と高率でした。

江戸時代には、さらに高率だったことが推測できます。一年未満の乳児死亡率が高ければ高いほど、平均寿命は大幅に引き下げられるのですから、その数字が不明では、正確な平均寿命は示しにくいのです。

そこで、鬼頭宏氏は「江戸時代人の寿命とライフサイクル」（『科学』二〇〇四年十二月号・岩波書店）において、江戸時代の平均寿命（出生時の平均余命）ではなく、数え年二歳の平均余命を計算されています。それによると。男性は最長で45・6年、最短で34・6年、女性は最長で44・9年、最短で29・0年だといいます。

男性の余命の方が女性より長いのは意外ですが、それ以上に、男女ともに平均余命が短いことに驚きます。これに乳児死亡数を勘案すると、平均寿命はこの数値より大幅に下がるはずです。江戸時代は「人生五十年」には程遠い時代だったことになります。

ちなみに日本人の平均寿命が五十歳を超えたのは、なんと昭和二十二年（一九四七）、戦後のことなのです。この意外な数字は、私たちの実感と大きく異なるように思いますが、それは乳児死亡率が平均寿命を大きく引き下げることに由来します。没年六十歳と没年0歳の二人の平均寿命は三十歳だと考えればわかりやすいでしょうか。やはり、寿命とは思い通りにならないようです。

## 死んでも死に切れない

### 〈粗忽長屋〉の粗忽ぶり

落語にはさまざまな粗忽者が登場して客席の笑いを誘います。〈粗忽長屋《そこつながや》〉にも、自分が死んだことにさえ気づかない男が笑いを誘います。そのあらすじは以下の通りです。

**松ちゃんが、人だかりの中に友人の芳公《よしこう》が行き倒れで死んでいるのを見つける。松ちゃんは慌てて芳公の住む長屋に芳公を呼びに行く。現場に連れて来られた芳公は、その遺体を抱きあげて「抱き上げているワシはだれや?」。**

芳公を呼びにいく松ちゃんも粗忽なら、自分の遺体を確認に来る芳公も粗忽者です。しかし、考えてみれば、私たちは自身の死を自身で確認することはできないのです。末期に「死ぬかもしれない」と予感することはあっても、「今死んだ」ことを自覚することは不可能です。その意味では、私たちは松ちゃんや芳公を笑うことはできない……。いや落語なんだから、笑えばいいのか（どっちやねん！）。

「死」の認識について、養老孟司先生は次のように整理されています。

**死には三種類ある。（中略）一人称の死、二人称の死、三人称の死です。一人称の死は「自分の死」、二人称の死は「身内や友人など知っている人の死」、三人称の死は「知らない人の死」。**

**（『「自分」の壁』新潮新書・二〇一四年）**

そして、一人称の死は「当人にとっては関係のないもの」、「三人称の死」も「自身の現実には影響しない」から、私たちにとって「死」とは「二人称の死のこと」と指摘されます。

落語に則していえば、芳公の「死」は、一人称の芳公にとって「関係のないもの」、三人称の「人だかり」にとっても「自身の現実に影響しない」のです。ということは、二人称の「松ちゃん」だけが頼りなのですから、松ちゃんが芳公の死を認識してやらないと、芳公は「死んでも死にきれない」のです。

「当人にとっては関係のない」一人称の死については、例外的に「体外離脱」の問題があります。

世間には、中空から自身の遺体や、嘆き悲しむ遺族を見下ろしたという体験談を語る人がいることは知られていますが、その真偽は立花隆の『臨死体験』(文藝春秋・一九九四年)に譲り、今は一人称の死は「当人にとっては関係のない」という立場で話を進めます。

永六輔さんも「人間は二度死にます。まず死んだ時。それから忘れられた時」という名言を残しています(『二度目の大往生』岩波新書・一九九五年)。この「死んだ時」も、「忘れられた時」も、どちらも二人称の死です。松ちゃんは芳公の二度の死を担っているのです。

落語〈粗忽長屋〉を聞いたお客の反応は、芳公の死を認識できない松ちゃんよりも、自身の死を理解できない芳公の粗忽ぶりを笑う傾向が強いようです。しかし、松ちゃんの粗忽こそがすべての原因なのです。葬儀や供養について考えさせられる落語ですね。

寺山修司の『地獄篇』にも、次のような興味深い会話があります。

**秤を売る男「人間の死なんてものはありません。あるのは他人の死ばかりです」**
**哲学者「自分の死は？　おまえ自身の死の問題はどう答えるつもりなのだ？」**
**秤を売る男「自分の死を量ってくれるのは、いつだって他人ですよ。それどころか、自分の死を知覚するのだって、他人なんです」**

寺山は、落語〈粗忽長屋〉から着想を得てこの会話を書いたのでは、と疑いたくなるほどその思想は通底しています。もっとも、寺山に影響を与えたのは、〈粗忽長屋〉ではなく、美術家のマルセル・デュシャン（一八八七〜一九六八）の墓碑銘「死ぬのはいつも他人ばかり」だそうですが。

## 〈胴切り〉と辻切り

落語〈胴切《どうぎ》（斬）り〉には、〈粗忽長屋〉の芳公も顔負けの粗忽者が登場します。主人公の竹は、身体を真っ二つに斬られているのに、その上半身と下半身が別々に生き続けるのです。まずは、そのあらすじから。

**竹は、夜道で辻切りに遭い、胴を真っ二つに斬られる。下半身をその場に残したまま、上半身は近くの用水桶の上にチョコンと乗る。たまたま通りかかった友だちの又が、竹の上半身を背負い、下半身の褌《ふんどし》を曳《ひ》いて家まで連れて帰る。**

ここまでが噺の前半です。落語〈宗悦殺《そうえつごろ》し〉では、辻切りにあった皆川宗悦は即死しますが、この〈胴切り〉では、胴体が真っ二つにセパレートされているのに、上下が別々に生き続けるという、何ともシュールな展開です。

ここで、「辻切り」に少し寄り道します。『広辞苑』を引くと、「武士が刀剣の切れ味をためし、または武術を練るため、街頭で往来の人を斬ること」と説明されています。至極妥当な説明なのですが、その背景には「アジール」が横たわっていることを忘れてはなりません。

アジールとは、世俗のルールが適用されない無縁の地、あるいは政治権力の及ばない地域のことです。現代における大使館では治外法権が認められ、その所在国の法律が適用されないことに似ています（ただし、大使館の場合は、その設置国の法律は適用されますが、アジールにはどんな政治権力も適用されません）。このようなアジール＝無縁の原理は「未開、文明を問わず、世界の諸民族のすべてに共通して存在し、作用しつづけてきた」のです（網野善彦『無縁・公界・楽―日本中世の自由と平和―』平凡社選書・一九七八年）。前近代の我が国では寺社や河原や街道などが典型的なアジールでした。百姓一揆の群衆が寺社や河原に集結したのはそのせいなのです。

また、御伽草子「ものぐさ太郎」には、太郎が清水寺で「辻取り」を行うシーンが描かれています。「辻取り」とは、「供を同行せずに、輿《こし》にも乗らずに、女性が一人で歩いていたら連れ去って妻妾《つまめかけ》にしても構わない」という習慣のことで、街道におけるアジール性を踏まえています。

「女捕り」ともいいますが、「辻取り」の方が本質に迫る名称です。アジールである街道が交差する「辻」は、アジール性がより強くなりますから、たとえ一本道での行為であっても「辻取り」や「辻切り」と表現して、アジールの場であることを強調したのです。

では、落語〈胴切り〉に戻ります。噺の後半は以下の通りです。

**辻切りの翌日に又が竹を訪ね、竹の上半身に風呂屋の番台勤めを、下半身に麩屋で麩を踏む仕事を紹介する。上下半身が別々に働き始めて数日後、又は竹の兄から竹の弟に伝言を頼まれる（いつのまにか、上半身が兄、下半身が弟になっている）。兄は弟に「近ごろ目がかすむので、三里に灸をすえてほしい」という。風呂場で働いているために、湯気のせいで目を痛めたらしく、足の三里（膝小僧の少し下あたり）に灸をすえてほしいのだ。又が下半身の弟にそのことを伝えに行くと、今度は弟から上半身の兄への伝言を頼まれる。その伝言は「あまり茶ばかり飲まないでくれ、小便が近くてこまる」。**

上半身と下半身は完全にセパレートしているのに、兄の飲んだ茶のせいで、なぜ弟が尿意を催すのだ、などと考えていては落語を楽しめません。奇妙奇天烈《きてれつ》な噺であっても、それを受け入れなければ、立派な落語ファンにはなれません。

以上のような、一人称の死も二人称の死も否定するような〈粗忽長屋〉や〈胴切り〉などを聞いていると、二人称の死を前提とした落語〈らくだ〉は、至極まともな噺に思えてきます。噺の冒頭で、「らくだ」（卯之助のあだ名）がフグにあたって死んでいることを、熊五郎が確認します。その後、らくだの遺体を紙屑屋が背負って「死人のカンカン踊り」をするのですが、らくだの死を踏まえたギャグなのでなんとなく安心して楽しめます。やはり、私たちは二人称の死に安心するようです。

では、現実社会では「死」をどのように考えるのかを、医師で作家の久坂部羊《よう》さんから、次の「三通りの死」を教えて頂きました。

**（ア）生物としての死＝全身の細胞が死に絶えたとき。**
**（イ）手続き上の死＝死の三徴候を医師が確認して、死亡診断書に書いたとき。**
**（ウ）法律上の死＝脳死したとき（心臓は動いていても法律上は死）。**

（ア）は納得しやすい定義のようですが、厄介なのは、体内の組織によって死ぬタイミングが少しずつ異なることです。通夜の間に遺体のヒゲが伸びたと聞いたことがありますが、このときヒゲに限ればまだ生きていることになる。（イ）の「死の三徴候」とは「呼吸停止・心停止・瞳孔散大」のことだそうです。社会的に公表される死亡時刻はこの定義だったのですね。（ウ）は、まだ生きている心臓を摘出して移植することを可能とするための定義なのでしょう。

この三通りの死のズレをモチーフにすれば、〈粗忽長屋〉をしのぐ新作落語ができそうな気がします。どなたか、創作されませんか。

## 〈地獄八景〉と〈極楽八景〉

〈粗忽長屋〉や〈胴切り〉が描くシュールな「死」の延長線上に、死後の世界を描いた落語〈地獄八景《じごくばつけい》〉（〈地獄八景亡者戯《もうじゃのたわむれ》〉とも）があります。江戸時代後期の噺を桂米朝師匠が再構築したものだそうです。全編を演じると優に一時間を超える大作ですが、舞台は先に紹介した六道のうちの地獄界です。

かつては、全国各地の寺院で「地獄絵」の絵解きが行われていました。そのため、現在でも地獄絵の掛け軸を所蔵している寺院は少なくありません。軸には、地獄に落ちた亡者（死者）が獄卒《ごくそつ》（地獄の鬼）の呵責《かしゃく》に遭っている場面などが描かれています。お盆などには本堂にこれを掛けて、僧侶が檀家にその恐ろしさを絵解きしました。地獄に落ちたくなければ善行を積み改心するように説くものですから、子どもたちは本気で怖がったものです。

先に、落語は仏教のお説教の流れを汲むと言いましたが、その意味では〈地獄八景〉は地獄絵の延長線上にあると言えなくもないようです。ただし、中味は見事に換骨奪胎されて「明るい地獄」になっています。「三途《さんず》の川」や「賽ノ河原《さいのかわら》」「六道の辻《ろくどう》」なども語られますが、地獄絵のおどろおどろしたところはまったくありません。

例えば「六道の辻」の場面では、芝居小屋や寄席小屋が建ち並び、有名な故人が出演していま す(もちろん、この世での「故人」ですよ)。『仮名手本忠臣蔵』で塩冶判官《えんやはんがん》の役を演じるのが本物の浅野内匠頭だというからたまりません。すごいのは、歌舞伎十八番に歴代の市川團十郎が総出演するというのですから、それはもう夢の舞台なのです。

落語の寄席では、初代・二代目・三代目桂春團治の高座が楽しめます。そういえば、二〇一五年に桂米朝師匠が亡くなった次の日、桂米團治《よねだんじ》さんは〈地獄八景〉をかけて、地獄の寄席小屋のくだりで「米朝、本日来演」とアドリブを入れて大爆笑だったといいます(「米團治・粋な噺で行きましょう」二〇一七年三月十三日毎日新聞)。

こんなに明るい地獄なら、まるで極楽じゃないかと考えて、実は私も創作落語〈極楽八景〉を書いたことがあります。ほんのさわりだけを紹介しますね。

主人公が極楽に行くと、ちょうど後楽園球場ならぬ「今楽園球場」で「仏さんブッダーズ」と「神さんシントーズ」が野球の試合をしている。ブッダーズのピッチャーは十一面千手千眼観世音菩薩。千手のうちどの腕で投げてくるのか予想がつかないのでバッターはバッタバッタと三振に終わる。もし仮に出塁できても、ピッチャーは正面の顔のほかに頭の周りにも十面の顔を持つので、必ず牽制アウトにされる。このピッチャーは、これまでに一度も盗塁を許したことがない。

そこで、シントーズは代打・少彦名命《すくなひこなのみこと》を送りこむ。一寸法師の先蹤《せんしょう》だけあって極めて小さく、そのためストライクゾーンはボール一個分より狭い。なので、必ずフォアボールとなる。しかし、たまたまバットにボールがあたると、どんなに鋭い打球でも必ずアウトになる。なぜなら、少彦名命の歩幅では全力で走っても一塁まで十数分もかかるからだ。

この続きは繁昌亭で聞いていただきましょうか。

# 寿司も酒も結構なもんでっせ

## 〈足上がり〉の寿司折

私は無類の寿司好きです。大阪の箱寿司（押寿司）も、江戸前のにぎり鮨も大好物です。一週間に十日は寿司を食べている（ような気がします）。ですから、落語に寿司が出てくると嬉しくなります。特に、落語〈こぶ弁慶〉の次のセリフには思わずウンウンと頷いてしまうのです。

ああ、寿司ぐらいええもんはこの世にない。これだけ大勢集まってましても、寿司が嫌いちゅう人はいてまへんやろ。えろう好きやない人はあるやろけど、寿司は嫌いで食べへんという人は、ちょっとないはずやねん。酒飲んだあと、飯は食えん人でも寿司ならつまめますわ。どうかすると寿司を肴に飲む人かてあるんや。寿司というものは結構なもんでっせ。

（『米朝落語全集』第三巻）

フライドポテトを嫌いな子どもがいないように、お寿司を嫌いだという大人に会ったことがありません。それに、満足に食事を終えた後でも、寿司なら躊躇なく手が出るのです。

落語には、土産の寿司折がよく出てきます。落語〈足上がり〉では、夜遅く帰ってきた番頭が「遅そうまですすまなんだ。土産というほどのこってもないけどなあ、これは寿司、こっちゃ饅頭や。みんなで分けて食べてんか」と、丁稚たちに折箱を手渡します。まだ幼い丁稚たちに、甘辛二種の土産とはなかなか気の利く番頭さんです。

このほかにも、落語〈道具屋〉では「土産に寿司でも買うて帰ったろかな」、〈土橋萬歳《どばしまんざい》〉では「お前の好きな笹巻きの寿司、ぎょうさん買うて帰ってきたるがな」というように、寿司折は土産の定番だったようです。

上方落語に出てくる寿司折の中味は、もちろん箱寿司です。戦後は、大阪でも酔っ払ったサラリーマンがぶら下げて帰る寿司折の中身は、次第ににぎり鮨に変わっていきましたが。現在のような安い寿司が広まっていなかった時代には、自分だけが散財してきた罪滅ぼしとして、寿司は格好の土産だったのでしょう。夕食を済ませた母子にとっても「寿司は別腹」、嬉しい土産だったに違いない。

そのため、かつては折箱といえば寿司を思い出させたものです。落語〈風の神送り〉では、「北の立峰《たてみね》から出てた芸妓はん」（「立峰」は北新地の置屋の名）が、今はお妾《てかけ》はんになって町内に住んでいます。この芸妓はんの身請けに千両箱の大金が費やされたことを噂するのに、「なんじゃかんじゃで、一箱かかっているという代物やで」「一箱……寿司か？」「あほ、寿司が一箱と違うわいな」という会話が交わされます。

一箱と聞けば、饅頭などの折箱ではなく、寿司のそれを思うほどに、土産の寿司折が一般的だったのです。回転寿司店が普及するまでは、店で寿司を食べることはステータスであり、多くの庶民は土産の寿司折を期待するしかなかったのです。志賀直哉の『小僧の神様』には、いつかはお寿司を食べられるようになりたいと願っていた小僧の仙吉が登場します。

## 〈兵庫船〉の寿司詰め

寿司といえば、「寿司（鮨）詰め」の語源が気になって仕方がないのです。電車などの満員状態をいうときなどに使用される単語ですが、辞書を引くと「にぎり鮨を折箱に詰めるように」というような説明が多いようです。しかし、これはチョットおかしい。小判形のにぎり鮨を長方形の折箱に詰めたのでは、アチコチに隙間ができます。

落語〈兵庫船《ひょうごぶね》〉でも、船中の客たちが席を譲り合いながら「寿司を詰めた」と表現します。

前の人の伸ばしている足の間へな、自分の足を一本割って入れまんねん。こう互い違いにこう、入れ子にして座ったら、そう寿司を詰めたようにぴしっと。…そう、そう、そういう具合…そういう具合にな、ぴしっと座れまっしゃろ。
（『米朝落語全集』第六巻・二〇一四年）

この〈兵庫船〉は、上方落語の〈西の旅〉の一部ですから（江戸では〈桑名船〉）、「寿司を詰めたようにぴしっと」は、当然ながら箱寿司をイメージしているのです。箱寿司をつくるときに、押し箱の中に酢飯を押し込んだ状態か、できあがった押寿司（箱寿司）を折詰した状態をいうのです。後者の場合でも、矩形《くけい》（長方形）の箱寿司なら隙間なく詰めることができます。もう一度いいますが、小判形のにぎり鮨では「ぴしっと」は詰まらないのです。辞書の「寿司詰め」の解説を書いた執筆者は、にぎり鮨しか思い浮かばない東京人だったに違いない。

そういえば、広沢虎造《とらぞう》の浪曲で有名な「江戸っ子だってねぇ、すし食いねえ」も、にぎり鮨だと誤解する向きがあるようです。神田伯山《はくざん》の口演本『清水次郎長』に「本町橋の押し鮓」と明記されていますから、森の石松は、押し寿司持参で大阪・八軒家から三十石船に乗ったのです。このセリフは、一九八六年のシブがき隊のヒット曲『スシ食いねェ！』のタイトルにもなっていますが、そのレコードジャケットににぎり鮨が描かれていたのは気に食わねえ。

## 〈禍は下〉のバッテラ

語源が気になると言えば、「バッテラ寿司」についても、もう少し寄り道させてください。鯖の箱寿司である「バッテラ」の語源については、ボート（小舟）を表すポルトガル語だというのが定説になっています。これに異論はないのですが、果たして、みなさんご存じの長方形の「バッテラ」から、ボートが思い浮かぶでしょうか。

バッテラは、大阪・順慶町井戸の辻にあった［寿司常《すしつね》］（のちに繁昌亭前に移転）の創業者・中恒吉《なかつねきち》さんが、明治二十四年（一八九一）に考案したと伝えられています。当時、大阪湾で大量に獲れて安価だったコノシロを活用したもので、頭を落とした半身に合わせた押し型は、尾の方が細くすぼんでボートの舳先《へさき》状になっていました。その形は、確かにボートを思わせます。

落語〈禍《わざわい》は下《しも》〉には、バッテラが登場します。丁稚の定吉が「ひょっと見たらバッテラがあったさかい、それを切ってくれと言うて、ほいでついでに茶碗蒸しも頼んでまいりました」と言います。ということは、この噺は、バッテラが生まれた明治中頃以降が舞台だということになりますね。

私も無類のバッテラ好きですが、なぜか回転寿司のバッテラは人気がないそうです。嘉門達

［寿司常］のバッテラの押し型。

夫が歌う『私はバッテラ』は、マグロやハマチ、エビ、タコなどの皿は次々に取られていくのに、バッテラには誰も手を出さず、バッテラ昆布がパリパリに乾いてもいつまでも廻り続けるというエレジーなのです。

作詞のますやまみのるさんは、フロイト的落語でご紹介した『勇者たちへの伝言―いつの日か来た道―』の著者・増山実さんです（P199）。この歌詞のせいでしょうか、私は廻り続けるバッテラの皿を見ると、なぜか「バッテーラ、マワッテーラ」と呟くようになってしまいました。こういうのをフロイト的呟きというらしい。よう知らんけど。

## 呑兵衛が嗜んだ酒は？

寿司と共に古典落語に欠かせないアイテムの一つに日本酒があります。落語〈二番煎じ〉〈禁酒関所〉〈上燗屋《じょうかんや》〉など、酒の登場する噺は挙げ出したらきりがありません。そこでは、さまざまな呑兵衛が個性的な酔態で笑わせてくれるのですが、彼らが嗜む酒の銘柄については意外に明示されません。〈淀の鯉〉のセリフ「京の伏見屋の銘酒・白菊と違うか？」などは珍しいのです。

落語〈七度狐〉の煮売屋には、お酒として「村さめ」「庭さめ」「直《じき》さめ」が揃えられています。しかし、「村さめ」の名の由来は「店で呑んでも村を出るころには醒める酒」、「庭さめ」は「店から庭へ出たとたんに醒める酒」、「直さめ」は「呑む尻から醒める酒」という代物ですから、これはお酒の銘柄とは言いにくい。

〈青菜〉の隠居が植木屋に勧める「柳蔭《やなぎかげ》」も、味醂と焼酎のブレンドで、夏の冷用酒として好まれましたが、やはり酒の銘柄とは言えません。江戸後期の風俗書『守貞謾稿』は、剱菱《けんびし》、七ツ梅、紙屋の菊、三鱗《みつうろこ》や正宗などを銘酒として挙げていますが、落語には出てこない（ように思います）。それは当時の庶民が、基本的に地産地消の地酒を飲んでいたことによるのでしょう。灘や伊丹、池田から江戸へ舟運された「下り酒」は例外として、日常的には町村内の地酒を量り売りで買い求めました。

例えば江戸後期の大坂三郷（天満組・北組・南組）には、四五九戸もの酒造家がありました。当時の大坂の人口が四十万人だとして四人家族で換算すれば二百戸余に一戸の割で酒造業が営まれていたことになります。現代の灘や伏見の大酒蔵ではなく、家内手工業的な酒蔵も少なくなかったのです。それでも天満堀川（大阪市北区）の川岸には酒造家が建ち並び、酒づくりの季節には、洗米による白水のため、堀川は真っ白に染まったと伝えられています。

# 落語家の呼び名と武家の諱《いみな》

## 落語家の亭号

落語家さんの芸名には、上方の「笑福亭」「桂」「林家」や、東京の「三笑亭」「三遊亭」「古今亭」のような亭号がつきます。私たちの名字のようですが、亭号は所属の一門を表すものであって呼称にはなりません。桂米朝一門会の楽屋で「桂さーん」と呼びかけたら、全員が一斉に振り向き、ちょっと怖かったという話を聞いたことがあります。

落語家さんに呼びかけるときは、芸名に「師匠」の敬称を付けることが一般的ですが、たんに代数を尊称として呼ぶこともあります。桂春團治師匠なら「三代目」、笑福亭松鶴師匠なら「六代目」という具合でした。東京では所名《ところな》が多いようです。桂文楽を「黒門町」、古今亭志ん生を「日暮里」、三遊亭圓生を「柏木」と呼ぶ伝です。

大師匠に対して代数や所名で呼ぶのは、落語界に限ったことではありません。我が国では言葉には霊力が宿ると信じる言霊《ことだま》信仰があるため、相手をその名で呼びかけることを避けたからです。所名や代数による呼びかけはその名残りと言えます。

歴史的人物の所名としては、源頼朝の「鎌倉殿」や平清盛の「六波羅殿《ろくはら》」などがあります。豊臣秀吉の側室となった茶々の呼称「淀の方」も、一時期、淀城に住まいしたことによる所名の一種です。平安時代には、藤原氏のうち平安京の九条に住んだ「九条家」、三条に住んだ「三条家」のように、所名が苗字（名字）になった例も少なくありません。三条家はさらに正親町《おおぎまち》三条家と転法輪《てんぽうりん》三条家に分かれますが、これも地名による呼称です。

代数名の例としては、歌舞伎の「九代目」や「六代目」が知られています。歌舞伎の各家には代々の名が継がれているはずなのに、「九代目」といえば市川團十郎を、「六代目」といえば尾上《おのえ》菊五郎を指します。なんだかプロ野球で「背番号3」といえば長嶋茂雄に決まっているという感じですね。

代数による呼称といえば（少し横道に逸れますが）、先日ある落語会の打上げで文楽の人形遣いの吉田玉男ご夫妻と一緒になりました。その席で、奥さまが玉男師匠のことを「二代目が…」とお話しされていたのですが、それがカッコよくオシャレだったので、さっそく妻にそのことを話すと、気働きのする妻はその日から私のことを「初代」と呼んでくれています。私もサインを求められたときには「初代 髙島幸次」と署名するようにしているのですが、これはなぜか評判はよくありません。

## 〈荒大名の茶の湯〉の七猛将

落語〈荒大名《あらだいみょう》の茶の湯〉には、珍しく戦国武将が目白押しに登場します。豊臣秀吉の子飼いだった七名の猛将が、徳川家康の家臣・本多正信からお茶席に招かれる噺です。七猛将とは、加藤清正・福島正則・池田輝政《てるまさ》・浅野幸長・黒田長政・加藤嘉明・細川忠興《ただおき》の七名なのですが、彼らがハチャメチャなお茶の作法を繰り広げます。その様子も面白いのですが、私には、彼らが互いになんと呼び合うのかに興味をひかれます。

例えば、福島正則が「おいッ、細川」と言えば、細川忠興は「何じゃ、福島」と答え、忠興が「おい、清正」といえば、加藤清正は「何じゃ、細川」と答えます。一方、七猛将は正信には「佐渡」と呼びかけます。この「細川」「福島」は苗字（名字）で、「清正」は諱《いみな》（＝忌み名）、「佐渡」は、正信の官職「佐渡守」のことです。

当時の武士は、本姓と苗字、通称、諱、号などのほかに、官位（官職と位階）を持っていたので大変に厄介なのです。細川忠興の場合でいえば、「細川」は苗字、「忠興」は諱で、通称は「与一郎」。細川家は足利氏の支流ですから、氏（本姓）は「源氏」で、姓《かばね》（称号）は「朝臣」です。正式に苗字・通称・氏・姓・諱を名乗るなら「細川与一郎源朝臣忠興」となり、これに官位の「従五位下・越中守」を加えるのですから、いっそのこと「何じゃ、細川」と言いたくなる気持ちもわかります。

そういえば（また少し横道に逸れますが）、むかし、NHKテレビの人形劇『ひょっこりひょうたん島』では、大統領のドン・ガバチョは、いざというときには威厳を持って「摂政関白太政大臣藤原朝臣ドン・ガバチョ・ゴム長《なが》」と名乗るのが常でした。「摂政」「関白」「太政大臣」は官職、「藤原」は氏、「朝臣」は姓ですが、「ドン」はドン・キホーテと同じで、わが国の「公」や「卿」のような尊称ですから、ここの名乗りに組み込むのは不似合いなのですが。

大切なのは、劇中では決してドン・ガバチョのことを、諱の「ゴム長」では呼ばなかったことです。官職や通称とは異なり、実名《じつみょう》である諱には特に精霊が強く宿ると考えられましたから、よほどのことがなければ他人が諱を口にすることはなかったのです。さすが、井上ひさし原作だけのことはありますね。人形劇だからと馬鹿にしてはいけません。それなのに同局の大河ドラマ『平清盛』では「清盛殿」と諱で呼びかけて、視聴者から批判が寄せられたと聞きます（私は大河ドラマを見ない主義なので、又聞きですが）。

ちなみに、ドン・ガバチョのように「摂政」「関白」「太政大臣」を歴任することが現実にあるのかというと、藤原道長の父の兼家や、子の頼道などが該当します。さらにちなみに、その名を「ゴム長」に響かせている「道長」自身は、「摂政」と「太政大臣」にはなっていますが「関白」には就いていません。それなのに、道長の日記は『御堂関白記《みどうかんぱくき》』（国宝）と呼びます。もちろん後世の命名ですが。

そういうわけなので、〈荒大名の茶の湯〉に戻って、七猛将が本多佐渡守正信に「佐渡」と呼びかけるのはいいとしても、「おいッ、細川」「何じゃ、福島」「おい、清正」「何じゃ、細川」はあり得ない会話なのです。正すなら「おいッ、与一郎」か、「おいッ、越中」か、「おいッ、丹後少将」でしょうか。しかし、それでは観客たちが理解しにくいか。なるほど、大河ドラマでも「清盛殿」のような諱呼びでやむを得ないのか。

## 落語家の通字

再び、落語家さんの呼び名について。亭号に続く松鶴、米朝、春團治、文枝などの名は諱ではなく芸名です。だから「松鶴師匠」と呼んでも失礼には当たらないのです。ところが、一般には未だに諱を避ける感覚が残っているらしい。私たちは、日常的には「髙島さん」というように姓で呼び合い、よほど親しくならなければ名で呼びかけることはしません。ですから、突如として、美しい女性から「幸次さん」と呼ばれると、それだけでドギマギしてしまうのですが、

左から古文書の馬・高・尊

このドギマギは決して私の助兵衛根性ゆえではなく、歴史的な諱意識の名残りだったのです。

加えて、歴史的な諱には、「偏諱《へんき》」という習慣がありました。偏諱とは、上位者が自身の諱の一字を下位者に与えることをいい、その一字を「通字」といいます。

有名な例として、足利尊氏の「尊」がそれです。尊氏は、もともとは得宗家・北条高時の偏諱を賜って「高氏」を名乗っていましたが、いわゆる「建武の新政」における功によって、後醍醐天皇の諱「尊治」から「尊」の一字を賜って「尊氏」となりました。

ここで、またまた横道にそれて恐縮なのですが、この「尊」の偏諱については、崩し字をみないと後醍醐天皇の真意が見えません。図のとおり、「高」の上部に点を一つ加えると「尊」になります。ちょっとした洒落心が見えてきます。ちなみに「高」の上部の点を一つ取ると「馬」になります（落語における崩し字の面白さは、Ｐ１１２を参照ください）。

さて、尊氏は室町幕府初代将軍になりますが、歴代将軍は二代義詮《よしあきら》―三代義満―四代義持―五代義量《よしかず》―六代義宣（義教）―七代義勝―八代義成（義政）―九代義尚―十代義尹《よしただ》（義稙《よしたね》）―十一代義澄（義高）―十二代義晴―十三代義輝（義藤）―十四代義栄―十五代義昭というように「義」を通字とするようになります。

落語家さんの芸名にも、このような偏諱の考え方は受け継がれ、師匠は弟子に自身の名の一文字を与えることが多いようです。しかし、足利氏と違って、落語家さんの通字は、弟子から孫弟子・曾孫弟子へと代々に受け継がれることはなく、直弟子止まりが普通です。

例えば、三代目春團治の場合、福團治・春蝶《しゅんちょう》（二代目）・春之輔・春若《はるわか》・春駒・小春團治・梅團治・春雨・春蝶（三代目）というように、「春」と「團治」が通字として受け継がれています。しかし、福團治の弟子には「福」が、春之輔の弟子には「輔」が通字になるという具合です。

そのため、名前を見ただけで誰の弟子か見当が付くのですが、襲名や改名が行われるとわかりにくくなります。たとえば、桂三枝の弟子は全員に「三」が付いていましたが、三枝が六代文枝を襲名してからは、その前名を「三枝」だと知らなければ師弟関係は推測しにくくなります（文枝襲名後の弟子には「文」が付けられています）。

落語家さんの偏諱は直弟子止まりが原則だとすれば、例えば江戸後期の桂文治の「文」が未だに続いているのはなぜか？　それは落語家さんには襲名があるからです。歴代の将軍が、初代の諱を襲名することはありませんが、落語界では適宜に襲名を繰り返すことによって、通字を守ってきたというわけです。

最後に、現代社会における「社長」とか「先生」とかの呼びかけについても触れておかねばなりません。社員が社長に向かって「佐藤さん」や「誠さん」と呼ぶのを失礼だと感じ、「社長」と呼ぶことが多いのは、実は諱を避ける文化の延長線上にあるのです。

ですから、中学生のころに、アメリカのホームドラマで生徒が先生に「ジェフ」と呼びかけていたのに大きなカルチャーショックを受けたものです。クラスメートたちと話し合って、担任をファーストネームで呼ぼうと企みましたが、文化の壁を乗り越えることはできませんでした。

私だって、学生から「髙島さん」や「幸次さん」と呼びかけられたら困惑します。私自身「髙島先生」や「先生」と呼ばれることに慣れ切ってしまったからなのですが、その奥底には諱を避ける文化が淀んでいるのです。

そういえば、思い出しました。あるとき、大学の研究室を訪ねてきた学生がドアを開けるなり、私に「店長！」と呼びかけてきたことがありました。驚いた私は、「君、アルバイトのしすぎじゃないか」とほほ笑むのが精いっぱいでした。「先生」と「店長」なら、諱を避ける文化を踏まえた些細な間違いだから、許してあげたのです。

ところが、作家の高橋源一郎さんは次のように考えていらっしゃいます（二〇一六年一月九日毎日新聞「人生相談」欄)。

**大学で教えている学生たちから、わたしは「ゲンちゃん」と呼ばれていて、他の先生からは「いくらなんでも、先生としての権威に欠けるんじゃないですか」と心配されております。でも、先方がそのように呼びたいなら、それでもいいのではないか、それがわたしの立場です。**

さすがに高橋さんは懐が深い。ゲンちゃんと呼びたいなら、それでもいいという姿勢は見習わねばと思いますが、それ以前に、学生がゲンちゃんと呼びたくなる教師像を見習うべきなのでしょう。私も学生から「幸ちゃん」と呼んでもらえるようにならなければ。

# ようう知らんモチーフと、ようわからんオチ

## ようう知らんモチーフ

落語〈初天神〉に出てくる「イカ（イカノボシ）」は、現在では「タコ（タコアゲ）」に言い換えられていることはたっぷり紹介しました（P28）。このように意味不明になった言葉を別の表現に言い換えることは、古典落語では（必要に迫られて）よく行われることです。

しかし、意味不明の言葉がその落語のモチーフであり、かつタイトルにもなっている場合は、別の言葉に置き換えることはなかなか難しい。たとえば、落語〈火焔太鼓《かえんだいこ》〉がそうです。

ある道具屋が、古汚い太鼓を仕入れる。その手入れをしていた丁稚が手を滑らせて太鼓が落ちてドンと鳴った。たまたま通行中の大名の耳に留まり、見てみたいと言われ、古道具屋は大名の屋敷に太鼓を持参することになる。大名はこれは高価な火焔太鼓だといい、三百両で買い取る。

このあと、帰宅した道具屋とその妻の会話がオチになるのですが、それは後述します。今は、この落語を楽しむには、「火焔太鼓」と聞いたお客が「よう知らんけど、かなり高価な太鼓らしいな」と思うことが不可欠なことに留意しておきたいのです。

そこで、落語家さんは「火焔太鼓、そう、雅楽で使われる火焔模様の太鼓ですな」のように注釈を加えて、噺を進めます。この程度の説明ではわかるわけもないのですが、とりあえずは「よう知らんけど、かなり高価な太鼓らしいな」と思わせる効果はあります。

落語〈井戸の茶碗〉に出てくる「井戸茶碗」も、火焔太鼓と同様に落語のモチーフであり、タイトルにもなっています。井戸茶碗とは、李朝時代の朝鮮半島で焼造された高麗茶碗の一種です。かつては「一井戸・二楽・三唐津」というように、京都の楽焼、北九州の唐津焼とともに茶人に珍重されました。現在も「喜左衛門銘」の井戸茶碗は国宝になっています。

野村胡堂《こどう》『銭形平次捕物控』（一九五四年）にも「井戸の茶碗」と題する一編があります。胡堂は、井戸茶碗について「五百両とか千両とかいう相場が付いて、大名の蔵か三井・鴻池といった大町人のところに納まるもの」と語っています。読者にはこれだけで十分なんですね。「よう知らんけど、かなり高価な茶碗らしいな」と思えますから。

学問的には、「井戸」の由来について、朝鮮半島の産地名だとか、朝鮮半島から持ち帰った人物名だとか、あるいは井戸のように深い茶碗だからというように諸説ありますが、そんなことは知らなくても、小説を楽しむのにはなんの不自由もない。

一方の落語〈井戸の茶碗〉では、「大陸の土で焼かれた逸品でございます」とか「足利尊氏公、織田信長公、豊臣秀吉公、徳川家康公と、今まで四代の時代主の手をぐって」きたというように、その銘品ぶりを説明します。これでも、十分に「よう知らんけど、かなり高価な茶碗らしいな」と思えます。

## ようわからんオチ　その一〈火焔太鼓〉

わかりにくい（わからない）言葉については、簡単な説明でお客がわかった気になればいいのですが、オチの場合はそうはいかない。噺を落としたあとに、「今のオチはですね…」と説明するほど野暮なことはないですから。かといって、オチがわからないままにしておくほど気持ちの悪いことはない。

ここで〈火焔太鼓〉のオチについて考えてみましょう。火焔太鼓で大儲けをして帰宅した道具屋と妻の会話で噺はオチます。

**道具屋「やっぱり音がするものだからよかったんだよ。だから今度は半鐘を買ってくる」**

**その妻「半鐘はいけないよ、おまえさん。おじゃんにならぁ」**

いかがですか、わかる人にはわかる「地口落《じぐち》ち」（ダジャレで終わるオチ）です。しかし、「半鐘」そのものを知らない世代も増えてきたようです。野暮を承知で説明すると、半鐘とは小型の釣鐘のこと、江戸時代には火災が鎮火したときには、半鐘を「じゃん、じゃん」と二回連打したのです（一説には一回だけとも）。そこで、半鐘の音「じゃん」と、ものごとが中途でダメになる意味の「おじゃん」とをかけている。

ただしですね、この「おじゃん」の語源を、半鐘の「じゃん」だとするのは俗説でしかありません。だって「じゃん、じゃん」は無事に鎮火したという合図ですから、中途挫折を意味する「おじゃん」の語源とするには無理があるでしょう。正しくは「ことが途中で終わる」意味の自動詞「じゃみる」が語源のようです。「相談の出来ぬように、ちゃちゃいれたら、じゃみそうな事」（浄瑠璃『京羽二重娘気質《きょうはぶたえむすめかたぎ》』）というように。

語源の詮索はさておき、現代人には理解しにくくなった（できなくなった）、この種のオチについては、そのままに放ってはおけない。かといって、説明するわけにもいかない。そこで、現在では半鐘と「おじゃん」ではなく、別のオチにアレンジされることが多いようです。そのうちの二例を挙げておきます。

①　道具屋「もっと太鼓を買ってくる」
　その妻「欲ばると、バチが当たるよ」

②　道具屋「音がするものだからよかったんだよ。今度は笛を買ってくる」
　その妻「笛はいけないよ。おまえさん、ピィピィ言わなあかんさかい」

どちらも苦心の改作ですが、これならわからないお客はいないでしょう。①は太鼓を打つバチと罰、②は笛の音と貧乏することですね、と説明するような野暮は無用です。

## ようわからんオチ　その二〈壺算〉

次に、〈壺算〉（P191）もそのオチが現在では通用しなくなりました。あらすじを思い出しながら、そのオチを紹介しましょう。

**男が二荷入り水壺を買いに瀬戸物店へ行き、三円五十銭の一荷入り水壺を三円に値引きさせて買い取る。一旦、帰ると見せて引き返し、「さっき一荷入りを買ったのは間違い。二荷入りが欲しい」という。店主は「二荷入りは一荷入りの倍の七円」というが、男は「三円の倍なら六円だ」と言いくるめ、「先に支払った三円と、この一荷入りの下取り価格の三円で、合せて六円」と主張し、二荷入りを持って帰ろうとする。納得できない店主は男を引きとめて、「これはどういう算用（計算）や」と言うと、男は「これが、ほんまのツボ算用や」。**

オチの「ツボ算用」のツボは「壺」と「坪」をかけています。「坪算用」とは、大工が設計の際に坪数を計算間違いすることをいいます。そこから勘違いや「算用は合っているのに銭の足りない」ことを意味するようになったのです。なかなかよくできたオチなのですが、「坪算用」はもはや死語と言っていい。

そこで桂米朝師匠はオチを工夫し、業を煮やした店主が「もう、あんた、この二荷入り持って帰りなはるか」と言うと、男は「それがこっちの思う壷や」と返すように改変されました。「坪算用」は死語でも、「思う壷」なら現在でも使われていますから、期待通りの笑いが巻き起こります。米朝師匠の思う壷です。

蛇足ですが、「思う壺」の「壺」は、水壺の「壺」ではなく、サイコロ博打に使う「壺皿」のことです。練達の壺振り師が、壺でサイコロを伏せて、狙い通りの賽の目を出せることを「思う壺」と言うのです。

## 〈風呂敷〉の珍解釈

以上見てきたように、落語にはよう知らんモチーフや、ようわからんオチが登場しますが、時代の趨勢に伴って社会風俗が変化するのですから、止むを得ないことかもしれません。

しかし、長く伝えられてきた古典的教養までもが失われていくのは残念なことです。古今亭志ん生《しんしょう》（一八九〇～一九七三）師匠の〈風呂敷〉では、ちょっと足りない男が、うろ覚えの古諺を引きながら、次のように珍妙な説教をします。


「女は三階に家なし」っていうくらいのもんだ。「三階に家なし」という言葉はだよ、女は三階にいてだねぇ、降りるのは大変だから、女は家がねえ。

「貞女屏風にまみえず」といってな、貞女はこっちにいて、屏風がありゃぁ、向こうが見えねえ、悲しいことじゃないか。わかったかい。

「直《じか》に冠をかぶらず」というよ。「おでんに靴をはかず」。「おでんに靴をはかず」というのはねぇ、おでんを食べるのに靴を履いちゃいけねえんだよ。おでん屋で靴を履いて食べて勘定を払わないで駆け出したら早いだろ。

「直に冠をかぶらず」というのも、直に冠をかぶったら痛くてしょうがねえから、そこへ手拭でも何でも入れてかぶらなくちゃいけないという、親切な言葉だよ。


これほどに牽強付会の珍妙な解釈は聞いたことがない。しかし、志ん生の時代のお客は、元の古諺を知っていたからこそ、そのバカバカしさに大笑いできたのです。現在では、その古諺がピンとくるお客の方が少ないのかもしれません。

老婆心ながら、正しい古諺を記しておきます。「女は三階に家なし」は「女三界に家なし」の誤り。「貞女屏風にまみえず」は「貞女両夫にまみえず、忠臣は二君につかえず」の前句部分の間違い。「貞女二夫にまみえず」とも言います。「直に冠をかぶらず」と「おでんに靴をはかず」は、本来は「瓜田《かでん》に履《くつ》を納《い》れず、李下《りか》に冠を正さず」という対句です。

では、これらの正しい古諺を知らなくても笑えるのでしょうか。立川談四楼《だんしろう》さんはこの珍解釈について、「こういうのって元の諺を知らなくても演者のキャラクターで笑えるんですね。」と楽観的です（『声に出して笑える日本語』光文社・二〇〇九年）。

落語の笑いは作者の意図からズレようが、まったくハズレようが、面白ければいい。落語とはそういうものだというのが本書の基本的なスタンスですから、談四楼さんの考えに賛成すべきなのですが、この場合はそう言い切ってしまうには抵抗もあります。

それは、志ん生のとぼけたキャラクターで大笑いできるからといって、この種の故事成語や諺などが消えてしまっていいのだろうかという疑問があるからです。〈阿弥陀池〉に出てくる隠語「真猫《しんねこ》」を知らなくてもいい（P36）、というのとは意味が違います。「女三界に家なし」や「貞女両夫にまみえず」については時代錯誤の教えとなりましたが、「瓜田に履を納れず、李下に冠を正さず」は、現代にも生きる箴言《しんげん》でしょう。

内田樹《たつる》先生は、近年の大学入試に漢文の出題がなくなってきたことに警鐘を鳴らすエッセイの一節で、この志ん生師匠の頓珍漢な説教を採り上げて、次のように心配されています。

昭和三十年代の客席は爆笑した。今の寄席では半分も笑わないだろうし、あと二十年もしたら誰も笑わなくなるだろう。

志ん生の時代の客が笑えたのは、「李下に冠を正さず、瓜田に履を納れず」という古諺を、言動に慎むことの必要を説くときに人々が繰り返し引いたからである。私が子どもの頃、周りの大人たちはもうこんな漢語は口にしなかった。だから、私が今、志ん生を聴いて笑えるのは、かろうじて受験勉強のおかげである。

（「漢文がなくなる不幸」『子どもはわかってくれない』文春文庫・二〇〇六年）

入試に漢文が出題されないのなら、せめて落語で故事成語や箴言を学びましょう。「瓜田」や「李下」の意味を調べるいい機会になるはずです（「真猫」は調べなくてもいいですけどね）。

締めの謎掛け

襲名を控えた落語家とかけて、残業続きの会社員と解く。
その心は…。どちらもヒロウ（披露・疲労）するでしょう。

# とにかく寄席に行ってみよう！

鼎談

桂春之輔（四代目桂春團治）×名越康文×高島幸次

## 上方は大道芸、江戸は座敷芸

—落語には主に上方落語と江戸落語と二つの流れがあると耳にしました。この二つはどう違うのでしょうか？

**春之輔**　まず、発祥がまったく違います。上方落語は大道芸で、江戸の落語はお座敷芸として発生しました。「お座敷芸」は、言うなら「太鼓持ち芸」やね。

**高島**　そう、だから江戸落語の場合、お客さんは最初から話を聞く気で座敷に来はるから、いきなりつかみでドカンと笑わさなくてもいいんです。

上方は、大阪やったら生玉《いくたま》さん（＊1）、京都やったら北野天満宮の境内で、通りかかった人を相手に噺をしたのが始まりと言われています。だから、最初の一言でパンと惹きつけないといけない。お参りに来た人は、落語を聞きに来たんやないですからね。

**名越**　なるほど、ぜんぜん違いますね。

**春之輔**　その違いの結果として、たとえ

ば下座《げざ》（＊2）から音が入ってくるような落語は、基本的に音は入りません。江戸落語は、基本的に音は入りません。

**名越**　そうなんですか！

**髙島**　もう一つは、お辞儀も違いますね。繁昌亭にも東京の落語家さんが出はりますけど、深々と、低身低頭してお辞儀しはるんです。ところが、上方の落語家さんは、前に見台と膝隠し（＊3）があるから、深いお辞儀はできない。

**名越**　立川談志師匠が、ものすごい毒舌で総理大臣にも平気で噛みつくけど、「お辞儀が見事で許せる」という話が有名ですよね。ものすごくきれいなお辞儀をするという。

**髙島**　それも、大道芸とお座敷芸の違いに由来するんでしょうね。

――見台・膝隠しは、上方では基本的に使うんですか？

**春之輔**　いや、ネタによって違います。上方は使ったり使わなかったりで、江戸は使わない。江戸の場合は、もともとは障子や襖で限られた空間の中で話すんやから、音が出るようなものは使わないんです。上方落語は、境内を道行く人たちの足を音で止めることも必要やったんですな。

――引き止めないといけないから、小拍子や鳴り物を使うわけですね。

**髙島**　そうなんです。私は、バナナのたたき売りの大道芸と上方落語は似てると思っています。バナナのたたき売りも、バナナを買いに来る人を相手にしているのではないですからね。

**名越**　うんうん、『男はつらいよ』の寅さんの口上と一緒ですね。

（＊1）生國魂《いくくにたま》神社のことを言うときに、大阪人が好んで使う愛称。大阪市天王寺区にある。
（＊2）舞台横の御簾ごしに出演者の様子を見ながら、お囃子を演奏する場所。繁昌亭では舞台に向かって右手にある。
（＊3）見台は、落語家さんの正面に置く机。小拍子というミニ拍子木で叩いて音を出す。見台の前に置く小さな衝立を膝隠しという。

## 上方の「時うどん」と江戸の「時そば」

**―上方落語と江戸落語では、演じられる噺は同じものでしょうか？**

**髙島**　基本的に、大阪でできた噺が江戸に移っていったものが多いです。江戸でできたものが、大阪に来たというのは意外に少ない。

移り方も、そのままの噺を移す場合と、そうでない場合があります。とくに地名なんかが出てくると、変えないとピンとこない。けれど展開として上方の地名でないと通じない噺もあるから、この場合はアレンジして、江戸の人間が京都へ遊びにきて…というような設定に変えたり。有名な〈時うどん〉は、江戸に移されて〈時そば〉になっていますしね。

**名越**　えっ、〈時うどん〉の方が先なんですか！

**春之輔**　明治時代に三代目の柳家小さんが東京に移して〈時そば〉にして、その後、六代目春風亭柳橋《りゅうきょう》がNHKラジオの番組で演ったことで全国に広がった。そやから今では、我々が「時うどん」をやったら、真似してるように言われたりしてね（笑）。

**名越**　僕も今のいままで〈時そば〉が本家とばっかり思ってました。

**髙島**　〈時うどん〉も〈時そば〉も、屋台でうどん・そばを食べて、勘定をちょっとごまかすところは同じです。しかし、〈時うどん〉では、まず二人の男が遊郭に冷やかしに行った帰りの遊び心で、うどん屋の代金をごまかす。遊郭を冷やかしに行った流れの勢いで、うどん屋を相手に遊ぶような感じです。

**春之輔**　そうですな、これは「遊び」です。そやけど、江戸落語では、ある男がそば屋を騙しているのを見た別の男が、自分も勘定を騙そうとやってくる。これはあきらかに騙しているんです。上方は「遊び」、江戸は「騙し」でんな。

## かつて落語は「昔咄」と呼ばれた

**春之輔**　この他にも、上方の〈貧乏花見〉が江戸に移って〈長屋の花見〉になるのも面白いんです。上方落語では、朝からの雨で仕事にあぶれた長屋の連中が、雨が止んだというので外を見たら、たくさんの人がぞろぞろ歩いとる。それで「何しよんねん」と聞いたら、「これから花見に行こうとしてんねん」と答える。そこで長屋の連中も「ほな、俺らも行こうやないか」と誘い合って花見の準備をする。

ところが、貧しいからお酒の代わりに「お茶け」(番茶)、卵焼きの代わりに「香々」(こぉこ＝漬物)、蒲鉾の代わりに「釜底」(かまぞこ＝お焦げ)なんかを持って行く。

**髙島**　ほかにもいろいろ、尾頭付きの魚は「ダシジャコの尾頭付き」という具合ですね。

**春之輔**　これが江戸落語になると、花見に行こうと言い出すのは大家。大家が長屋の住人をむりやりに花見に連れて行くんですよ。けれど用意したのは大阪と同じく「お茶け」や「香々」やから、みんなは行きたくない。でも、「家賃を溜めてんだろ、大家が言ってるから仕方がねえや」とイヤイヤ付いて行くことになる。

**名越**　付き合いで、花見に行くわけですね(笑)。

**髙島**　そうなんです。これもね、上方の「ヨ

コ社会」と、江戸の「タテ社会」が表れていて面白いですね。私は上方の方が好きやけど。

**春之輔**　ただね、人情噺や怪談は、やっぱり江戸落語でっせ。講釈・講談もやっぱり江戸かな。

**名越**　三遊亭圓朝《えんちょう》の〈牡丹灯篭《ぼたんどうろう》〉なんかどこで笑っていいかわからないですもんね。怖くて怖くてね。

**春之輔**　ところでね、落語はもともとは「咄《はなし》」なんですよ。「落ち」を付ける話というので「落語」と言われるようになった。

**高島**　そうですね。江戸時代や明治時代の古い文献を見ていると、落語のことを「昔噺（咄）」と書いてあり、「落語」とは書いていませんね。

**名越**　じゃあ「落語」という言葉は、新しい言葉だったんですね。

## 「なんや知らんけど好き」という人がリピーターに

**春之輔**　中学生か高校生くらいのとき、三代目桂春團治の〈代書屋〉と〈いかけ屋〉の二つのネタが好きでね。〈代書屋〉も〈いかけ屋〉も、当時はなんのことかぜんぜん知らんかった。そやけど、なんや面白い、好きやというので、高校二年生のときに、春團治のもとへ入りました。

**高島**　代書屋って今はもうない仕事ですもんね。何をする人かも知らないし、見たこともないけど、落語は面白かったんや。

**春之輔**　そういうことです。知らんけど面白い、知らんけど楽しかった。高校生くらいの子どもが、「女郎買いに行った」とか意味がわかるわけないんやけど、そのニュアンスは面白かったんやろうね。

──落語って、その場に行って生で聞いてみないとわからない面白さがあると思います。難しいものと思っている人も多いけれど、そうではないですよね。

**春之輔**　今、東京ではイケメンの落語家が人気あると聞きますね。そういう若い落語家が、若い人を呼んできてくれたらよろしいんですけどね。初めての人は、おっさんばっかりのところへはなかなか行きにくいと思うわ。

**髙島**　客席に若い人がいるの方がやりやすいですか？

**春之輔**　いやー、それははっきり言うて、やりにくいですわ。おじさんおばさんの方が気が楽です。

**髙島**　そうなんですか。名越先生の講演会って、若くてきれいな女性ファンがたくさんいるんですよ。私の講演会は定年退職組のしょぼくれたおじさんばかりでね。ちょっとやきもち妬いてます。

**名越**　いやいや、なんでですか（笑）。

**春之輔**　そら想像つきますわな。名越先生はきっとその若い人たちの気持ちをつかむお話をされるということでしょうね。けれど、お客さんに合わせるのか、それともお客さんが学べというのか、これは難しいところやね。

**名越**　僕は心理学が専門なので、それこそ恋愛や映画の話、テレビの話も講演の中ではします。でも…心理学って、落語と一緒だと思うんですよ。何回も通わなかったら、わからない部分も多いです。そしてこちらからウケを狙っても、そのときにウケた人は、かえって二度と来ないと思います。リピーターになるのは、もうちょっと踏み込んだ人です。

**春之輔**　なるほど。「何や知らんけど好きや」というので来てもらう方が続くんでしょうな。

**名越**　僕は心理学で「資格を取る方法」みたいなことを教えているわけじゃないんです。聞いて得するとか、聞いて次の商売に活かすとかじゃない。落語もそうですよね。でもリピーターは、なぜか来る。

**髙島**　そういえばそうですね。落語って、お金払って時間をかけて、それで何を得るのかと言えば別に何もないんですよね。

**名越**　落語をほんとに楽しんでいる人は、「何や知らんけどそろそろ行こか」という感じで来るんだと思うんですよね。これ、心理学もそうだと思う。目的があるようでないところが、ちょっと共通しているかなと。

## 初めての人は、ぜひ寄席から！

**髙島**　寄席の場合、いろんな落語家さんが次々に出てきます。お客さんは、全員が気に入らなくてもいいから、そのうちの誰かに惹かれたらいいと思うんです。落語を聞いたことないし歌舞伎も見たことないお客さんは、今日の春之輔師匠の〈質屋芝居〉みたいな芝居噺がよくわからなくても、桂勢朝さんの創作落語（＊4）で大笑いできればいい。もちろんその反対でもいいし。

**春之輔**　それが寄席やと思うんです。あんなんもこんなんもあって、またあんなんも寄せ集めてある。「寄席」とは、よく言うたもんやと思うんですけどね。

**髙島**　そうですね。

**春之輔**　前座《ぜんざ》から真打《しんうち》（＊5）まで、一括りとして楽しんでもらうのが寄席なんです。ネタごとにドラマがあると同時に、寄席全体もドラマやということです。

もちろん、個々の落語会も否定はしま

せん。たとえば、桂米朝師匠が発明された「ホール落語」もそう。特別な噺を聞きたい、という需要はたしかにあるし、それはそれ、これはこれや。

**名越** えっ、ホール落語って、米朝師匠が始められたんですか？

**春之輔** 言い過ぎかもしれませんけど、少なくとも「ホール落語」というのを世間に浸透させたのは米朝師匠です。たとえば、桂文楽師匠や古今亭志ん生師匠が、自ら主催して千人も入るようなところで落語をしたことはなかったですよ。

**名越** 僕は、そのホール落語で初めて落語を聞きに行きました。そもそもテレビで落語を聞いて、おもろいなと思ってよく見ていたんです。でも、テレビの落語って、十分かそこらの時間しか流さない。もう少しちゃんと聞きたくなって、二十歳か三十歳のときに、サンケイホール（現サンケイホールブリーゼ）での米朝一門会に行ったんですよ。

だから、ずっとホールでやるのが落語やと思っていたんです。四十歳を過ぎてから、「どうやら寄席というものがあるらしい」と知りました。今も寄席には憧れの気持ちを抱いて行っています。

**髙島** なるほど。ただどうでしょうね、まったく初めての方は、ホール落語から入るよりも、最初は繁昌亭あたりから見たほうが入りやすいように思いますが。その反対の入り方をされた名越先生はどう思われますか？

**名越** いや、それはそうです。寄席はその場の雰囲気がもう落語なんです。絶対に寄席から始める方がおすすめです。

（＊4）この日の昼席での勢朝さんのネタは「永田町懐メロ歌合戦」。永田町の議員のパロディで替え歌を歌う爆笑ネタ。
（＊5）江戸落語における落語家の身分には「見習い」「前座」「二ツ目」「真打」があり、真打は寄席の一番最後の出番（トリ）を演じる。上方落語にこの身分はないが、ここでは例えとして使っている。

## 寄席の出演順は？

―たとえば今日の昼席だったら、八人の落語家さんと色物（＊6）が二名が出演されていますよね。これはどういった順番なのでしょうか？

**髙島**　そうそう、それを知らないと「疲れたからそろそろ帰ろか」と、トリの直前に帰ってしまうお客さんだっていますからね。

**春之輔**　それはもったいないなあ。たとえば野球で言うたら中心バッターは四番やけど、寄席の場合はトリをとる人間がいわゆる四番バッターです。四番のほかにも、二番はバントで送る、三番は進塁させて…という感じで役割が分かれています。守備や攻撃の力もそれぞれに個性がある。落語も同じです。寄席の一番目は前座らしく、「さあこれから落語が始まるんですよ」という雰囲気をつくるだけでいい。言ってしまうと、そんなにウケんでもええんです。

**髙島**　それって、おもしろいところですよね。みんなが対等に必死に勝ち負けを争ったらあかんわけですね。

**名越**　要は連係プレーなんですね。

**春之輔**　最後の出演者は「トリ」（大トリともいう）ですが、中入り（＊7）の前は「中トリ」というんです。中トリは野球で言うたら五番バッターか三番バッターですね。順番によってその変化があって、持ち時間もそれぞれに違います。そうやって連係プレーで、つながりで楽しんでもらいたい。もちろん、お客さんによっては四番バッターやルーキーのピッチャーを見に行くっちゅうのもありますす。けれども全体を通じて、たとえば「タイガースファンや」というように、「繁昌亭が好きや」と言うてもらえるのが、我々の理想ですね。

**高島**　たとえば前座や二番目あたりに出る落語家さんは、まだ持ちネタは少ないですよね。彼らは高座に上がる前から、その日のネタを決めているんですか？

**春之輔**　前座の場合は、そらそうですな。繁昌亭にはちゃんとネタ帳というのがあって、今日は誰が何を演《や》ったというのを書いていくんです。たとえば前座で〈平林〉や〈寿限無〉なんかの子どもが主人公の噺が出たら、そのあとはもう子どもが主人公の噺はできません。酒飲みの噺が出たら、その後に酒飲みの噺はできへん。噺はかぶったらあかんのです。そういう暗黙の了解があるんです。

**高島**　出番が最後のトリの落語家さんは、遅めに楽屋に入りますが、その日は何が演られたかをネタ帳で確認して、それと重ならないネタをやらなあかん。ということは、出番が後ろになればなるほど持ちネタは多くないと困るということですね。

## 同じ落語家でも日によって「別物」に

**春之輔**　あとは、「このネタは一回聞いたから、もうええ」と言うんやなしに、何回も聞いてほしいと思っています。落語っちゅうのは、同じ噺でも演者によってまったく違う。「このネタはこの人がやったら面白いのに、あっちの人のを聞いたらぜんぜんおもろないな」とかね、あるんです。同じ落語家でも年齢によってまた差があるし。

**高島**　そうなんですよね。今日も、僕の前に座っていた人が「あ、この噺、知ってるわ」って残念そうにしてはった。

（＊6）落語以外の漫才や奇術などの諸芸をいう。大阪では「イロモン」と読む。「まねき」（出演者名を書いた看板）に落語家は黒色、色物は朱色の文字で記されることによる。
（＊7）寄席の途中の休憩時間のこと。

**名越**　ああー、それは違うなあ。

**髙島**　たとえ同じ落語家さんの同じネタでも、そのときによってぜんぜん別物なのに。

**名越**　それこそ僕が一番ショックやったのが、笑福亭松鶴師匠です。昔、テレビ番組に松鶴師匠が出てはったときに見て、息が止まるくらい笑ったネタがあったんです。それから一年後くらいに、まったく同じネタを松鶴師匠がされるのを見たら、これがまったくおもしろくない。

**髙島**　よくわかります。

**名越**　もう、びっくりして。この人は一体何なんや、何者なんや、と思ったんですよね。そのことを僕はずっと、自分が悪いんやと思っていたんです。受け手側の僕があかんから、面白さを感じとれなかったんやと思っていたら、あるとき、笑福亭鶴瓶さんがテレビで「うちのおやっさん（笑福亭松鶴）は、超絶的にすごいときとボロボロのときの差が激しい」とおっしゃっていて。「あっ、俺の感覚は正しかったんや」と思いました。でも、それが落語のすごいところなんです。

## 「一門」という意識はない

**髙島**　落語には桂、笑福亭、林家といろいろな一門がありますが、お互いの弟子たちの交流というか、その関係性が面白いですね。

**春之輔**　意外と派閥意識というのはないんですよ。むしろ同じ一門のほうが仲悪いんちゃいますか（笑）。

**名越**　ははは（笑）。なんかわかるなあ。人間やなあ。

**春之輔**　僕らは師匠から稽古をしてもらったり、いろいろ教えてもらうけれど

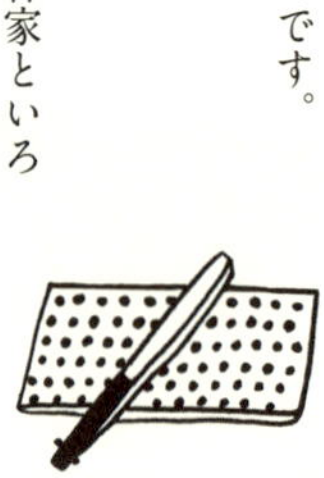

も、一銭もお金が動かんのですよね。弟子が売れたからって、師匠は儲からない。お金の関係は一切ない。よその師匠に対してもそうなんです。僕は三代目桂春團治の弟子ですけど、桂米朝師匠や笑福亭松鶴師匠、先代の桂文枝師匠に稽古してもらいました。

**髙島**　これ、すごいですよね。四天王に稽古つけてもらってはる。

**春之輔**　松鶴師匠がよく、「わしらみんなで一つや」と言うてました。昔は知りませんし、東京のことは知りませんけどね。一門やからとかそんな意識はむしろないです。

**髙島**　繁昌亭ができた当初、楽屋番の若いお弟子さんが、桂であろうが笑福亭であろうが、一門の違いに関係なく、先輩方の着物をたたむのを見て驚きました。私は研究者の世界で生きてきましたが、よその派閥の先生のカバンを持ってあげたら、あとで先輩から「お前、何を考えてるねん」って怒られましたからね。

**名越**　ぎゃー。

**春之輔**　そういえば、浪曲師の世界では、やっぱり自分の師匠だけの着物をたたむと言います。むしろそれが普通でしょうね。

**名越**　そうですよ。だから落語の世界は、かなり変わってますね。

## 悪い奴は落語家になってはいけない

**名越**　どういうタイミングで、一門以外の師匠に「稽古つけてください」って頼むんですか？

**春之輔**　そらもう、単に「教えてください」「お願いします」って頼むだけでっせ。

**髙島**　自分の師匠に、許可はもらわなくてもいいんですか？

**春之輔**　内弟子の頃はね、「どこそこの師匠のところに稽古に行ってよろしいか？」と許可を得ますよ。ほんなら師匠が「この一升瓶持って行け」と。

**髙島**　あ、そういうのがあるんや。独立してしまえば自分の意思で行くわけですよね。稽古をつけてほしい師匠からOKがでたら、もうそれでいいという感じですか？

**春之輔**　そうですね、その師匠とのやりとりだけで大丈夫。

**名越**　おもしろいなあ。それって、芸の一つの理想郷じゃないですか？

**春之輔**　そやから落語家はね、悪い奴はなってはいけないと、そんな風に言う人もいてはります。人間が穢れて汚くなったら、芸も汚くなると。

**髙島**　その言葉は、春之輔師匠は春團治師匠からよく言われてはったんですよね。

**春之輔**　そう、うちの師匠には、「人間性や、人間性や」と言われてね、ええ。

**髙島**　そやのに、こんなんになってしもて…（笑）。

## 「内弟子」はもういない

―落語家さんは、何をもって独り立ちというんでしょうか。

**春之輔**　基本は三年の年季というのが多いみたいです。大工さんでも料理人でも、日本中がみんなそうでしたけど、昔は内弟子が中心やったんですわ。師匠の家に住み込んで、家の掃除やら手伝いをして、稽古をしてもらう。弟子と師匠の間にお金が動けへんのやったら、弟子はどうやってお礼をするかというと、まず自分の体を張ってと言うて体を張ってですよね。

も、まさか布団の中へ入るわけではないですが（笑）。内弟子をすることによって、人間模様、人生を知ることができる。師匠と奥さんと師匠の子ども、ご近所の人や親戚の人、それを体験するから、ものすごく勉強になる。そうして身をもって覚えて、身をもってお礼をするというのが内弟子の形ですな。ただ、今は住み込みで内弟子なんか、どこもとってへん。

**名越**　あ、そうなんですか。

**春之輔**　そらそうや。嫁はんが理解できますかいな。

**髙島**　内弟子が奥さんの洗濯物を洗おうとしたら、「それは嫌や」と言われた話も聞きました。

**名越**　そうか、それはつらい話やな〜。

**春之輔**　一切見返りもないし、しょっちゅう家にいてるんやから。むしろ嫁はんより、弟子の方が師匠のそばにいてることが多いわけです。仕事場にも飯も一緒に行くし。僕もね、短いけど内弟子をさせてもらってました。僕の師匠は三代目やけど、二代目の春團治夫人が今もお元気ですねん。ずいぶん前に、「やっぱり内弟子した子と、外弟子やった子とでは、言うことが違うな」と言うてはりましたね。

**髙島**　そうですか。

**春之輔**　そら、四六時中一緒に暮らしてんねやから。

**髙島**　二代目夫人は、内弟子で育った人と、外弟子の両方を見てはるでしょ。でもこれからは、内弟子で育った人がみんな大物になって、他は外弟子ばっかりになって、もうわからなくなる。

**春之輔**　世の中の流れと同じように、落語も変わりますわな。

## 末路哀れは覚悟の前

**髙島**　それともう一つ、大学を卒業してから入門する人が増えましたね。

**春之輔**　これはちょっと古い考えやとは思うけど、大卒の子らは平均点を取るんですわ。それだけの高学歴やったら、もっと他のもんより知識があるやろ、それを出せと思います。どう出していいのか、それはよう言いまへんで。出せんねやったら自分でやってます（笑）。ただ、みんな同じで、ソツがないねん。

**髙島**　なるほど。

**春之輔**　凸凹がない。みんな同じような感じや。おもろないのか言うたらおもろないことはない、ただ、おもろいのかと言うたら、おもろない。せやから、もっと伸び伸び生き生きやれと言うんです。もっと工夫してと言うねんけど、やっぱり誰もしくじりまへんわ。「ええ加減にせえよ」と言いたくなるようなのがいてへん。

**髙島**　サラリーマン化しているということですか？

**春之輔**　まあ、それもあるかな。生半可に頭のいい奴が多いです。職業として落語家を選ぶときに「お金がほしいからなったんとちゃいます」とか、「そないマスコミに売れたいと思いません」とか、理屈を抜かすねん。まだ漫才のほうが、売れたいやらお金がほしいやら、あの人みたいになりたいとか、ある気がするねん。

**名越**　シンプルですね。

**春之輔**　それがすべていいとは言いません。極論でっせ、もちろん。けれども「お前、そんなことやったら売れへんぞ」と言うたら、「いや、それでええんです」「僕は自分の道を歩みます」と言うのはどうなんかな。

**髙島**　師匠の立場からしたら、やりにくいでしょうね。

**春之輔**　四代目桂米團治師匠が、弟子である米朝師匠におっしゃった中に、こういう言葉があります。「芸人は、米一粒、釘一本もよう作らんくせに、酒が良えの悪いのと言うて、好きな芸をやって一生を送るもんやさかいに、むさぼってはいかん。値打ちは世間がきめてくれる。ただ一生懸命に芸をみがく以外に、世間へのお返しの途はない。また、芸人になった以上、末路哀《まつごあわ》れは覚悟の前やで」（桂米朝『落語と私』ポプラ社）。そやけど、それをわかってんのは、もう誰もいてまへん。

**髙島**　「末期哀れ」はもう今の人には通用しないけど、昔は「河原乞食《かわらこじき》」と言われましたからね。春之輔師匠の年代は、まだそういう匂いを嗅いではる。

**春之輔**　あと、芸術家気取りになりよる。もっと芸人になれ、芸人チックになれと言うんですけどね。

**名越**　なるほど、なるほど。いやー、ますます繁昌亭に足を運びたくなりました。

# おわりに

私が初めて落語に出会ったのは、小学生の頃に一世を風靡していた三遊亭歌《うた》奴《やっこ》さん(のち圓歌《えんか》/一九二九~二〇一七)の新作落語〈授業中〉でした。ある日の授業で先生に指名された級友の一人が「山のあな・あな・あな…」と、歌奴の物真似で答えたため大爆笑が起こりました。その情景を鮮明に覚えているのは、そのあと、先生が次のように話されたからです。「この落語は、方言や吃音を差別しているから、ボクは嫌いだ」。

私は〈授業中〉のおかげで、落語にはまるとともに、他人を傷つける笑いを考えるようになりました(父が同和地区の中学校長だったことも影響していますが)。その後もラジオやテレビで落語に親しんだおかげで、のちに大学の教壇に立つようになった時には、講義のマクラ用に鉄板ネタをいくつか持っていました。また、部落史やジェンダー論を講義するようになったのも、あの先生の言葉が遠因になっているような気がしています。

二〇〇三年、大阪天満宮が敷地を提供して落語の定席小屋をつくる話が決まると、大阪天満宮文化研究所の研究員を兼務していた私は、寺井種伯《たねのり》宮司からその設立に協力するように指示を受けました。結果、上方落語協会副会長だった桂春之輔師匠と企業や組織を廻って寄付を募ったのは懐かしい思い出です。二〇〇六年九月十五日、文化研究所から徒歩三十八秒の地に天満天神繁昌亭が開席すると、かなりの頻度で落語に親しむことになり、それが本書の執筆につながっています。

改めて本書のゲラ刷りを読み返すと、落語というベースから、よくもまあ、あちこち、さまざまに話題を広げ散らかしたものだと、我ながら呆れています。これほどに話題が揺れ動いたのは、偏に私の気の多さのせいですが、それを可能にしたのは落語の幅広く奥深い懐のおかげだと言わざるを得ません。

本書でも繰り返し説いたことですが、落語は多種多様な知識や教養に対して、時代を超えて対応できる重層的な笑いを内在しています。そのため、自由自在に連想を展開させることができたのです。

余談ですが、私のような研究者が講演する場合は、ちょっとしたジョークやギャグで爆笑が巻き起こります。それは「大学の先生やから、どうせ小難しい話ししかできんやろ」というスタンスの聴衆ですから、ちょっとした仕掛けで十分に効果的なのです。

　しかし、落語家さんの場合は、さまざまな関心のお客たちが「さぁ、笑わしてもらおか」と手ぐすねを引いて待ち構えているのですから、ハードルは高い。それに応えるための大きな武器の一つが落語の重層的な笑いというわけです。本書が、その笑いの一端でも皆様にお伝えできたなら嬉しいのですが。


「はじめに」でも触れたように、本書は二種の連載コラムを編集したものです。その連載から本書に至る経緯を簡単に説明しておきます。

　天満天神繁昌亭では開席当初から、大阪天満宮への謝意を込めて毎月二十五日夜席は「天神寄席」と銘打ってきました。そして、二〇一四年五月からは御縁あって私もその企画をお手伝いさせていただくことになったのです。この時から、天神寄席は落語界の外からゲストを招き、そのゲストにちなんだ落語五席と、ゲスト＋桂春之輔師匠＋私の鼎談からなるテーマ落語会に模様替えしたのです。

　これに伴い、フリーマガジン『月刊島民』誌上に、天神寄席の告知を兼ねたミニコラム「笑う落語の大阪」の連載を始め（二〇一四年四月～二〇一六年九月）、その後、この連載をお読みいただいたミシマ社の三島邦弘さんと新居未希さんの来訪を受け、同社のウェブマガジン『みんなのミシマガジン』にもコラム「みんなの落語案内」を連載させていただくことになり（二〇一四年十一月～）、さらに本書に再録した鼎談「寄席に行ってみよう」も掲載いただきました。

同連載が二十回を超えたころ、１４０Ｂの大迫力《おおさこちから》さんから、両コラムを合わせた書籍化の打診をいただき、三島さんの許諾を得たうえで、出版することになったものです。

というような次第で、本書は実に多くの皆々様のご海容のおかげで上梓にこぎつけました。末筆ながら厚く感謝申し上げます。と同時に、最後までお読み頂きました読者の皆様にも、厚く御礼申し上げます。

# 落語ネタ索引

**高島 幸次**（たかしま・こうじ）
1949年大阪市生まれ。大阪大学招聘教授。専門は日本近世史。大阪天満宮文化研究所員も務め、天神祭研究の第一人者。また天神祭のボランティアガイド役である天満天神御伽衆を養成するなど普及・伝承にも尽力。多くの講演活動や古文書講座をこなすほか、さまざまな落語会やイベントのプロデュースを手がけ、天満天神繁昌亭で毎月25日に行われる「天神寄席」にも関わる。著書に『奇想天外だから史実 - 天神伝承を読み解く -』（大阪大学出版会）、『大阪の神さん仏さん』（140B・釈徹宗氏との共著）など。

# 上方落語史観

2018年1月11日　初版発行

著　者　高島 幸次
発行人　中島 淳
発行所　株式会社140B（イチヨンマルビー）
〒530-0047
大阪市北区西天満2-6-8 堂島ビルヂング602号
電話　06（6484）9677
振替　00990-5-299267
http://www.140b.jp

ブックデザイン　角谷 慶（Su-）
寄席文字　橘右一郎
イラスト　コマツサトミ
印刷・製本　シナノパブリッシングプレス


ISBN978-4-903993-32-4